国际劳动与雇佣管制研究丛书

本书受国家社科基金重大项目"'一带一路'国家劳动与雇佣管制研究"
（项目批准号17ZDA041）资助

U0656842

工会发展与劳动雇佣管制比较研究

Comparative Research on the Development of
Trade Unions and the Regulations of Labor and Employment

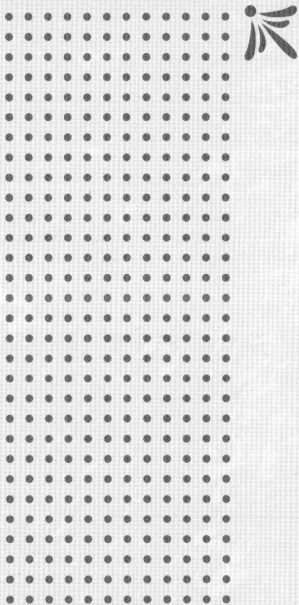

吴清军 李欣 赵磊 邱子童 著

东北财经大学出版社
Dongbei University of Finance & Economics Press

大连

图书在版编目（CIP）数据

工会发展与劳动雇佣管制比较研究 / 吴清军等著. 一大连：东北财经大学出版社，2025.4. —（国际劳动与雇佣管制研究丛书）. —ISBN 978-7-5654-5577-3

Ⅰ.D411；F249.1

中国国家版本馆 CIP 数据核字第 2025V5Q253 号

东北财经大学出版社出版发行

大连市黑石礁尖山街 217 号　邮政编码　116025

网　　　址：http://www.dufep.cn

读者信箱：dufep@dufe.edu.cn

大连图腾彩色印刷有限公司印刷

幅面尺寸：170mm×240mm　　字数：183 千字　印张：15.5　插页：1
2025 年 4 月第 1 版　　　　　2025 年 4 月第 1 次印刷
责任编辑：石真珍　孙晓梅　　责任校对：刘贤恩
封面设计：张智波　　　　　　版式设计：原　皓
定价：86.00 元

总　序

　　20世纪后半叶以来的新一轮经济全球化大潮在全世界范围内深刻形塑了过去半个多世纪的国际政治经济历史进程，也使主要国家和全世界绝大多数公民共享了丰硕的发展果实。这一全球趋势同我国改革开放40多年以来的发展历程大致重叠，将我国深刻卷入了全球经济贸易体系，促进了我国的改革开放和经济发展，而我国也在这一历史进程中为全世界的发展贡献了重要的价值与力量。

　　2013年，习近平总书记面向新时期、新问题，高屋建瓴地提出了共建"一带一路"倡议，旨在加强与世界人民的融通与合作，共建共享发展果实，同时促进新时期中国自身经济高质量发展的转型。10余年来，共建"一带一路"从构想到现实，从蓝图到落地，我国始终坚持共商、共建、共享的原则，以高标准、可持续、惠民生为目标，积极促进与150余个共建"一带一路"国家的全方位、多领域互联互通，并在探索中不断完善全球治理体系、优化全球治理规则，积极构建人类命运共同体，取得了举世瞩目的成就。

　　随着共建"一带一路"蓝图的全面铺就，越来越多"走出去"的中国企业和管理者开始关心超越国界的劳工政策、产业关系制度，以及劳动力市场状况。随着跨国企业在共建"一带一路"国家的贸易活动与雇佣规模不断扩大，因其对所在国的劳动与雇佣管制体系不了解、不熟悉，海外劳动争议事件时有发生，这不仅妨碍了劳动者权益的保护与企业正常经营活动的开展，也不利于我国与共建"一带一路"国家友好合作的深化。对于劳动者而言，熟悉所在地的劳动与雇佣管制体系，有利于明确权责，从而在权益受损时更高效地维护自身利益。尤其对于选择跨国就业的劳动者来说，更好地了解东道主国家的劳动与雇佣管制体系可以有效增强其生存与适应能力。

劳动条件和用工规则如何在其他国家乃至全球治理层面被决定和实施？这已经成为许多中资跨国企业在对外投资和经贸合作中的重要参考要素之一，也是劳动和雇佣关系研究亟待回答的问题。于国家而言，保障劳动者权益是实现高质量、可持续发展目标的前提条件，也是我国推动建设开放型世界经济、主动对照高标准经贸规则深入推进高水平贸易与合作的必然要求。深入研究共建"一带一路"国家的劳动与雇佣管制体系，可以为完善全球劳动治理体系提供中国智慧与中国方案，以创新思路破解发展难题。遗憾的是，在中国劳动研究领域，学者们过去将主要的精力放在研究中国国内的劳动与雇佣关系的制度和管理实践上，而对于国外乃至全球层面劳动与雇佣管制的研究并不系统并且往往是现象描述式的。

因应学术研究与劳资政各主体的实际需要，在国家社会科学基金重大项目的支持下，课题组集合了一批来自中国人民大学和中国社会科学院相关领域的优秀学者，针对共建"一带一路"国家的劳动与雇佣管制体系进行了系统性研究，并在课题研究成果的基础上编纂出版了《国际劳动与雇佣管制研究丛书》。

本丛书共计六册，其逻辑体系构成如下：在第一册《劳动与雇佣管制中的利益相关者：理论与实践》中，我们从"主体-互动过程-制度产出"这一劳动关系研究的经典理论视角出发，提出并详细阐释了一个基于利益相关者视角的产业关系治理体系分析框架，用于更好地在国际和跨国情境下分析和解释劳动与雇佣管制制度的特征与形成机制，为本丛书奠定了理论基础。第二册《工会发展与劳动雇佣管制比较研究》以产业关系系统的核心参与主体之一工会为例，从国际比较产业关系的视角出发，全面介绍了工会的发展脉络、国别差异、劳动力市场效应以及当前所面临的挑战。第三册《中国企业海外投资的劳动与雇佣管制研究》聚焦对外直接投资这一各利益主体的关键互动场域，分析跨国企业在对外直接投资过程中所面临的劳动与雇佣管制问题，并结合国际指数与具体案例分析评估共建"一带一路"国家的劳动关系治理状况。第四册《全球化下贸易与经济合作中的劳动与雇佣管制研究》关注另一个关键互动场域——国际贸易与经济合作过程，详细分析了中国与共建"一带一路"国家的国际贸易与经济合作发展水平，相关国家劳动雇佣制度的具体内容与特征，并深入剖析典型国家案例。第五册《亚洲新兴经济体的劳动雇佣管制研究——以印度为例》与第六册《利益相关者视角下欧洲新兴经济体劳动与雇佣管制研究——以中东欧部分国家为例》则重点关注劳动与雇佣管制体系的制度产出，分别使用印度与中东欧国家的具体案例，阐释了各利益相关主体的互动如何塑造具体的劳动与雇佣管制实践，并对国别产业关系系统作出了系统梳理和比较研究。

在丛书出版之际，我们感谢国家社会科学基金的资助与大力支持，也向所有为本丛书付出努力的作者与研究团队成员、所有受访者、编辑、审稿人和关注本丛书的所有读者致以诚挚谢意！我们希望本丛书可以作为中资企业"出海"的必读书。其中对于不同国家制度情境的介绍、劳动与雇佣管制模式的总结，以及具体的劳动政策和规则体系的梳理，将促进中资企业尽早了解并融入东道主国家的劳动与雇佣管制体系，在国际社会中勇于承担企业社会责任，从而树立起中国资本的良好形象与担当。我们也期待，通过学者们在劳动与雇佣管制研究领域的持续探索，学界未来会有更多丰硕成果为共建"一带一路"倡议的继续推进提供强有力的理论支撑与实践指导，促进各国的共同发展与繁荣，共同迎接共建"一带一路"倡议的下一个辉煌十年。未来，课题组也将与更多同行开展合作，深入观察和研究更多共建"一带一路"国家的劳动与雇佣管制体系，继续出版覆盖不同国家的国别研究。本丛书只是一个开始，而不是一个句号！

　　是为序。

杨伟国

2024年6月于时雨园

前　言

工会是劳动者的重要代表组织。尽管在经济全球化背景下，工会的密度和影响力在不断下降，但工会对政府雇佣管制的影响仍然广泛存在，工会也在不断适应时代的发展而进行相应的调整。本书从工会发展和国际比较劳动关系角度出发，全面介绍工会的历史与基本概念、工会的国别差异、工会的作用以及目前所面临的挑战。本书的核心观点是：劳资力量的博弈在国际投资关系中不可忽视，政府的劳动法律制度是工会影响境外投资的起点和落脚点，是工会、雇主组织与政府三者之间在宏观和中观层面互动和博弈的结果。当一个国家的雇主组织为企业提供的服务内容丰富，且具有强大的沟通协调能力和实力时，就能够抑制工会及其同盟势力的干预，推动政府形成良好的营商政策环境，从而有利于境外资本投资。本书为对外投资提供了一个战略决策方向：冲突与合作是产业关系系统运行的两种基本状态，在落实共建"一带一路"倡议时，中国企业"走出去"面对的是陌生的工会运行模式及劳动雇佣管制，基于此，深刻理解各国劳动关系主体的互动而形成的劳动关系平衡机制，对构建吸引境外投资的制度与社会环境具有重要作用。

本书共分为八章：第一章为导论，主要介绍工会在劳动管制中的角色与作用、工会对境外投资的影响，以及共建"一带一路"国家工会与劳动雇佣管制等基本内容。第二章介绍当前国外工会的现状与发展趋势。第三章从劳动雇佣管制的概念入手，深入探讨工会在劳动雇佣管制中的作用，明确工会在劳动雇佣管制体系中面对不同主体时所表现出来的差异。第四章分析工会对境外投资的影响，主要通过数据来分析、解释利益相关者的力量博弈如何影响投资决策，从而归纳出工会对境外投资的影响机制。第五、六、七章以上述研究结果为理论框架，分别对亚洲、欧洲和非洲的代表性国家的工会与劳动雇佣管制进行了全面介绍。其中，亚洲国家以新加坡为代表，欧洲国家以俄罗斯为例，非洲国家则系统介绍了坦桑尼亚、肯尼亚、南非的情况。第八章为结论与启示。

本书是国家社科基金重大项目"'一带一路'国家劳动与雇佣管制研究"（项目批准号17ZDA041）资助的课题成果之一。写作分工如下：吴清军统筹全书，撰写前言、第一章、第八章；李欣撰写第二章、第七章；赵磊撰写第三章、第五章；邱子童撰写第四章、第六章。由于著者学术功底、专业理解与研究积累上的欠缺，本书难免存在不足和疏漏之处，恳请读者和学界同仁批评指正。

著　者

2025年2月

目 录

第一章

导论

工会作为劳动者的代表组织，在劳动关系中是一个重要的主体。尽管近年来工会密度和影响力不断下降，但是欧美国家的劳动雇佣体制并没有发生根本性变化，工会对政府雇佣管制的影响仍然存在。自20世纪30年代以来，欧洲和美国确定了以集体劳动关系为核心和基础的劳动雇佣管制体制。在此体制下，工会获得了集体谈判和集体行动的合法权利，与此同时，工会通过政治行动和经济行动参与到整个劳动关系政策的制定与实施当中。工会一般通过三种方式来影响劳动关系政策的制定与执行，以此来保护工会会员及全体劳动者的权益：第一，直接参与国家劳动关系政策的制定，形成政府、雇主及工会协商的三方协商机制；第二，通过集体协商和集体行动，确定行业或产业的基本劳动关系政策，确定行业或产业的集体合同；第三，工会通过与雇主的集体谈判、协商、沟通以及罢工等方式，在工作场所层面形成保护劳动者基本权益的集体合同和工作规则。因此，尽管目前欧美国家工会的组织力量和工会密度存在较大差异，但是在市场经济国家，工会在劳动雇佣管制体制中都扮演着重要的角色。

与欧美国家实行多元化工会不同的是，中国工会实行的是一元化组织体系，所以中国工会在职能、性质以及行动方式等方面与欧美国家相比都存在较大的差异。当中国企业"走出去"，在欧美国家和其他共建"一带一路"国家进行投资时，它们面对的是陌生的工会运行模式及劳动雇佣管制体制。正是基于此，本书以共建"一带一路"市场经济国家的工会与劳动雇佣管制体制为分析对象，深入分析这些国家的工会发展史、工会职能、工会在劳动雇佣管制中的作用等研究议题。

第一节　工会在劳动雇佣管制中的角色与作用

劳动雇佣管制是依据国家法律法规及政策对劳资双方（雇佣双方）的行为进行规范和约束的过程，这一过程涉及政府、职能部门、劳资双方（雇佣双方）及其代表机构（组织）、非政府组织（NGO）等多个角色。在目前西方国家的管制理论研究中，影响劳动雇佣管制的主要因素涉及政治、经济与社会等诸多方面。因为劳动雇佣管制涉及的利益主体和因素较多，所以我们通过利益相关者的视角来进行研究。工会作为主要的利益相关者，以动员会员和社会力量作为行动武器，加入由全球生产网络所联结起来的国际政治经济场域中，最终在不同的劳动力市场上影响了不同的（劳动力）价格和规则的制定，进一步影响了雇佣关系中的劳资双方力量对比，从而形成了不同国别的劳动关系治理体系。

本书在描述当前工会发展的整体趋势的基础上，对工会在劳动雇佣管制中的角色、作用、影响机制及未来发展趋势进行了较为全面的分析。

一、工会在劳动雇佣管制中的角色

在劳动雇佣管制中，工会与政府的关系往往决定着工会作用的发挥程度，所以在不同国家，工会在整个国家治理体系中扮演的角色也在很大程度上决定了工会在劳动雇佣管制中的作用。综合目前欧美国家工会的实际运行状况，本书在第三章中把工会的角色界定为以下四种：

第一，工会作为政府治理的参与者。在欧美国家，这一角色最直接地体现在工会对政党政治的参与上。从工会参与政府治理的国际经验来看，参与程度最高、影响最大的是北欧国家，因为社会民主党执政的政府与工会的密切联系而形成了基于公民参与制的"民众-工会-社会民主党"的社会利益共同体；同时，北欧各国历届政府中的许多官员都曾参与工人运动，有的总工会主席是社会民主党要员，且有80%左右的雇员都参加了政治上倾向社会民主党的总工会。

第二，工会作为工人利益的维护者。维权是工会最基础的本职工作。从维权的内容考虑，工会维护劳动者的权益，在保障劳动者的劳动环境、就业、休假、培训、劳动争议、收入分配、职工参与管理等方面发挥作用；从维权的形式考虑，共建"一带一路"主要经济体多采取社会合作形式，摒弃劳资对立、谋求劳资合作成为国际劳动关系发展的趋势。工会通过社会合作形式，在维权的形式上最大限度地保护劳动者的基本权益。

第三，工会作为企业管理的合作者。企业要绩效、工人要报酬在实践中并不冲突，工会从其劳动者代表组织的角色出发，应当推动劳资双方对等承诺、对等实现的过程顺利完成。这一过程中出现的协商谈判甚至是罢工行动应当被理解为实现对等承诺内容的手段，而并非最终目的。在欧洲地区的劳动雇佣管制中，社会合作关系特征鲜明且应用广泛。在共建"一带一路"欧洲国家中，俄罗斯、意大利政府对有工会参与的合作机制较为重视，鼓励企业行政与工会在日常管理、薪酬福利以及企业决策等方面开展合作。

第四，工会作为社会组织的竞争者。工会作为事实上的群团组织，是代表劳动者利益的团体组织。工会在向政府让出其领导角色或地位时，换取的是政府对其代表渠道的保证，即限制劳动者代表渠道，以确保工会的代表性与话语权。这在规则和行动两个方面挤占了其他劳工利益团体的发展空间，但该挤占或竞争过程并不能简单地用是否合理进行评判，还需要与现实中劳动者的生存境遇相结合，在劳动者队伍发展、变化过程中探寻其合理性。

当然，由于每个国家政治、经济和社会环境的差异，工会扮演的角色也存在较大的差异。综合共建"一带一路"国家工会角色的共同点，我们把其角色概括为以上四种。然而，在共建"一带一路"国家，即便大部分国家实行市场经济体制，但政党力量、政府治理理念以及不同工会力量存在较大差异，从而导致工会在整个国家和社会中的作用也相差甚远。

二、工会在劳动雇佣管制中的作用

工会的作用如何发挥取决于其面对不同对象时所扮演的角色。在面对政府时，工会的作用体现在与政府政策的联系方面，实现自身代表性与政府决策的有效结合。在面对工人时，工会的作用表现在两个方面：一是代表性，工会代表工人的利益；二是对工人行动的引导与制约。在面对企业时，工会的作用又表现为与企业及其代表的博弈。需要强调的是，合作也是博弈的选择之一。在面对其他劳工利益团体时，工会则在保证自身代表性的前提下，尽可能借助前者（即其他劳工利益团体）的力量来维护劳动者的利益。

我们把工会在劳动雇佣管制中的作用概括为三点：其一，团结工人队伍，维护工人权利；其二，推动劳动立法，解决劳资争议；其三，引导工人行动，协调利益关系。

由于国家之间政治体制与历史传统不同，为了更好地体现不同国家工会在劳动雇佣管制发展中的差异性，我们把工会作用的未来发展趋势总结为以下三点：

第一，工会对公共决策的影响力将进一步提高。20世纪末至21世纪初，绝大部分欧洲福利国家都面临着与福利制度相悖的人口、社会、经济和政治变革，特别是大陆型福利国家愈发依赖高就业率。这也决定了一旦失业率高发，工资税和社会保险费的下降势必会影响福利模式的可持续性。为了保证工会会员和劳动者的就业岗位，各国政府都要与工会中央组织和雇主协商一致，以支持工资成本节制的措施，减少雇主缴纳的社会保险费，加强对处于最低工资标准附近雇员的税收刺激，以实现企业盈利能力和竞争能力的提升，并保障劳动参与率和就业增长率向好发展。所以，在未来公共政策的制定中，工会的影响力将大大提升，从而更好地维护劳动者的权益。

第二，工会对集体行动将更为重视。从个别劳动关系发展到集体劳动关系，是劳动关系结构调整的历史性进程，是由劳动者身份从属性向对等性转变的过程。在这一过程中，完善集体劳动法律是劳动关系集体化调整的基础，确认和保障"劳工三权"是集体劳动关系立法的核心理念。同时，共建"一带一路"主要经济体工会密度下降，工人自发的集体行动能力提升，决定了这些国家的工会组织参与集体行动的复杂性。在未来的发展中，工会将更加注重集体行动，通过集体行动来发挥工会在整个国家公共政策和劳动雇佣管制中的作用与影响力。

第三，工会在利益博弈中将使用更加成熟的方式和手段。以往的集体劳动争议一般是因为劳动者的合法权利被侵害所引起的权利争议，但是随着商业社会的发展以及劳动契约关系社会化对劳资双方行为的双向约束，现有的集体劳动争议更多地集中于收入水平、福利、公正待遇等利益层面。所以，工会组织的作用从维护劳动者的合法权利发展到维护劳动者的多样化利益，工会将在博弈中综合使用更加多元化的手段和方式。要保障工会在代表工人与企业及其代表组织进行利益博弈过程中行为的合法性，除了劳动立法之外，还需要完备的劳动基准法律。要实现保护劳动者权益的目的，工会将综合利用国内外劳动力市场和各种政治力量，使用越来越多元化的维权手段。

三、工会作用面临的挑战

不同国家的政治、经济、社会发展背景决定了各国工会发展道路差异化的必然性，因此，在考查工会作用的发挥时，工会所处的劳动关系运行环境是解释其当前角色定位、行为选择的重要因素，而国家间劳动关系发展历史的差异与特定时期的国别情境密不可分。

从国际比较劳动关系的角度出发，在分析共建"一带一路"国家工会组织在其国内劳动关系运行中的作用表现与特征时，首先，要将工会置于经济社会发展的背景下，考查经济社会因素对工会行为方式的影响。每个国家的工会若想在未来发挥重要作用，都面临一个国家社会发展和政治经济变化的挑战。

其次，工会还面临用工性质变化的挑战。近年来，数字经济、零工经济等新经济业态的出现促使就业形式出现了新的变化，冲击了工会传统的组建形式与组织基础。国内外工会在这一背景下为提高其代表性所做的努力体现了其工作方式方法在面对外部环境变化时的适应能力。要分析工会在新就业形式中的作用和特征，就要了解数字经济、零工经济的用工或就业形式，在此基础上寻找工会的作用空间以及与以往工作在内容、方法上的差异化特征。

最后，工会也面临多元化发展的压力和挑战。劳动关系的有序发展是指在集体劳动关系发展趋势中，工会在面对劳动关系集体化转型时所采取措施的稳定性，即围绕集体劳动关系在组织建会、集体协商、争议处理等方面的稳步发展，集体性决定了其不可能采取任何超越现实情境的过激行为。多元化体现在劳动者市场化劳工意识的发展、劳动者利益诉求的多样性以及新就业形式的出现，要求工会改变传统的工作方式方法，在行为选择、代表渠道等方面采取多样性、差异化的措施。

工会的角色、作用以及在社会中的定位都将根据一个国家的社会经济和政治局势的发展而不断变化。当中国企业"走出去"时，企业面对的是复杂多变、迥乎不同的各国环境。中国企业要处理好与其他国家工会的关系，需要结合各个国家的特殊情境，更好地理解各国工会在劳动雇佣管制中扮演的角色与行动的方式方法，这样才有可能在特殊的劳动雇佣制度环境中，处理好劳动关系问题。

第二节　工会对境外投资的影响

共建"一带一路"倡议顺应经济全球化发展趋势，经济全球化的本质是资本全球化，具体实现形式为跨国公司在境外的资本投资。所以，跨国公司的投资行为受到哪些因素的影响就成为亟待研究的现实问题。本书第四章通过文本分析方法，详细研究了被投资国的工会如何通过与政府和雇主组织的互动来影响境外资本的投资行为。由于支持及参与共建"一带一路"并与中国建立了合作关系的国家和地区众多，而各个国家和地区的政治制度、社会文化和经济发展水平以及吸收外商投资的能力相去甚远，综合考虑语言障碍和材料的可获得性等因素，我们在联合国贸发会议发布的 2018 年《世界投资报告》中，检索了与我国签署了共建"一带一路"合作协议的 123 个国家和 29 个国际组织在 2016—2018 年间的 FDI Inflow（外商直接投资流量）数据，并选取外商直接投资金额排名前十的新加坡、印度尼西亚、越南、韩国、俄罗斯、土耳其、泰国、阿拉伯联合酋长国、马来西亚和埃及作为研究对象，分析这些境外投资数量较多国家的工会是如何与政府、雇主组织互动来吸引境外资本的。商务部对外投资和经济合作司、商务部国际贸易经济合作研究院及中国驻外经商机构共同编写的《对外投资合作国别（地区）指南》（2018版）分析了上述 10 个国家的基本情况，我们将其作为分析文本，用来分析工会是如何通过与政府、雇主组织互动来吸引境外资本的。

我们的研究发现，工会对吸引境外资本具有负面作用，即工会力量强、罢工频率高会抑制境外资本的投资行为。但是劳动法律与政策在工会与境外投资关系中发挥着前因变量以及中介的作用。一方面，劳动法律，特别是集体劳动关系法律制度会影响工会的数量和层级，进而通过工会的力量以及罢工频率影响境外投资。另一方面，工会通过影响劳动法律与政策，进而影响境外投资。工会可以通过集体行动等方式影响劳动法律与政策的制定和修订，从而影响境外投资。除了劳动法律与政策的前因变量以及中介作用外，雇主组织在工会与境外投资关系中发挥着调节作用。雇主组织的存在和职能的发挥能够抑制工会对吸引境外资本的负面作用。具体来看：

第一，劳动法律与政策的前因变量作用。一方面，劳动法律与政策中的工会制度明确了工会的成立条件、程序、职能、权利和义务以及工会与政府之间的关系等，从而确定了工会在国内的数量、层级结构。工会的数量和层级结构会影响境外投资。另一方面，劳动法律与政策中的集体劳动关系制度规定了工会的集体协商谈判权及罢工行为。集体劳动关系制度会影响和规范工会的行为，防止工会的"过分"行为，比如禁止罢工或者限制罢工行为，进而抑制工会对投资行为的负面作用，为投资营造良好的营商环境。

第二，劳动法律与政策还起着中介作用。工会通过影响劳动法律与政策进而影响境外投资行为。工会根据其类型以及与政府的关系，对劳动法律与政策的影响有两条路径：其一为法团主义的控制参与式，工会与政党关系密切，通过影响政党来影响政策制定，从而对投资造成影响。其二为多元主义的博弈斗争式，当工会与资方存在利益纷争时，工会为了达成目的，通常会以集体行动的方式来迫使政府修改或维持劳动法律与政策，这种博弈斗争的方式同样会给投资带来影响。

第三，雇主组织在工会发挥作用时起着调节作用。雇主组织加强与工会的互动，能够抑制工会对境外投资的负面作用，降低雇主的责任，从而吸引境外投资。工会与雇主及雇主组织的互动模式可以分为参与合作式和斗争谈判式。工会和雇主组织代表不同的利益方。工会代表工人利益，以提高会员的工作条件和工作待遇为己任；雇主组织代表雇主利益，降低成本、提高雇主绩效是其主要目标。不管是参与合作式还是斗争谈判式，工会作用的发挥都需要以雇主组织为中介进行互动，以影响具体企业的劳动关系，从而影响资本投资的环境。

第四，劳动关系各要素的平衡能够进一步吸引境外投资。劳动法律与政策既是工会影响投资的前因变量，又是工会影响投资的中介机制，还是雇主组织调节作用发挥的着力点。因此，劳动法律与政策是工会影响境外投资的关键点，也是工会和雇主组织与政府三者之间互动与博弈的结果。它通过明晰劳资双方的权利和义务，管制双方的行为，从而实现国家劳动关系在一定时间内的平衡稳定。由此产生的政策稳定与政局稳定成为吸引投资的强有力因素。

我们通过研究发现，影响境外投资的劳动关系要素是非常复杂和易变的。本书在实证研究的基础上，进一步论证了劳动法律与政策、雇主组织及工会组织之间的力量关系对境外投资的影响。共建"一带一路"国家的劳动关系复杂，所以我们在分析和论证境外投资的影响因素时，更需要在全面分析工会的密度、工作目标、力量等要素的基础上，进一步对劳动关系的各要素进行综合分析。

第三节 共建"一带一路"国家工会与劳动雇佣管制

因为每个国家的劳动关系和工会体制均呈现较大差异，要想对所有共建"一带一路"国家的劳动雇佣管制进行研究存在非常大的困难。本书在第二章中介绍当前工会发展时，借鉴了海曼提出的三种"理想类型"工会主义来描述工会的角色和性质，即商业工会主义、社会运动工会主义、社团工会主义。这三种类型主要描述的是欧洲和美国工会的角色和性质，而共建"一带一路"国家主要集中在亚洲、非洲、拉丁美洲及中欧等地区，结合这些共建"一带一路"国家工会与劳动雇佣管制的特征，本书在亚洲、欧洲和非洲各选取了一个有代表性的国家作为案例进行分析，即亚洲的新加坡、欧洲的俄罗斯及非洲的南非。我们认为，这三个案例代表了三种不同类型的工会，新加坡工会代表了亚洲威权主义国家的工会，俄罗斯工会代表了东欧市场转型国家的工会，南非工会则代表了后殖民主义国家的工会。通过对这三个案例的分析，我们可以从总体上来把握当前共建"一带一路"国家工会运行基本情况及劳动雇佣管制的现状与问题。

一、亚洲国家工会与劳动雇佣管制

我们选取了新加坡工会为研究案例，用以分析亚洲国家工会与劳动雇佣制度之间的互动关系。之所以选取新加坡为案例国家，是因为新加坡工会与劳动雇佣管制有代表性。

第一，新加坡工会与劳动法律制度的关系。新加坡劳动法律规定，新加坡全国职工总会（National Trades Union Congress，NTUC）（以下简称新职总）是唯一的全国性工会，下设60个工会、12家社会企业和4个相关组织。同时，符合一定条件的工人可以成立工会，也可以决定自行成立的工会是否加入新职总。工会的职责包括创造更多工作机会、维护工人利益、技能提升培训、协助工人再就业、提高退休年龄及组织相关活动等。集体协商制度规定了集体协商的主体、程序、内容。集体谈判一般在企业层面进行，内容涉及劳动条件、工时、加薪、年休假等。而升职、调动、解雇和工作安排等非工资内容禁止集体谈判。此外，新加坡工会法禁止罢工。新加坡工会虽然有其独特性，但是工会与劳动法律之间的关系代表了亚洲国家的特性。

第二，新加坡工会与劳动雇佣制度之间的关系形成了劳动关系市场化运行的普遍机制。工会根据其类型以及与政府的互动关系对劳动关系制度产生影响。新职总在政治上支持新加坡执政党——人民行动党，与人民行动党形成了"共生关系"。新职总这种法团主义的控制参与方式，通过影响政党来影响劳动雇佣政策的制定。工会影响劳动雇佣制度的具体机制是国家三方协商机制、集体协商谈判机制以及职总合作社。

国家三方协商机制中的劳方代表是新职总，资方代表是新加坡全国雇主联合会，政府代表是新加坡劳工部。三方协商机制的目标是以协商和达成共同协议为基础，实现国家经济和社会发展。因此，它们提倡以劳资双方紧密合作原则，引导劳资关系从对抗走向合作，平衡雇主与工会的利益。这不仅有利于提高劳动生产率，而且有利于劳动者劳动条件的改善。

集体协商谈判的社会基础是工会对劳动者负责，同时能够获得资方的支持；公司与劳动者分享赚取的利益。企业可以通过灵活的工资制度，以不固定的奖金形式来奖赏工人，使奖赏与公司的营业状况进一步挂钩。工人获得更多的福利，职工运动更具威信，从而确保工会、雇主及政府更进一步地密切合作。

职总合作社是新职总创办的合作社，目的在于解决劳动力市场收入差距问题，宗旨是加强企业联系，促进消费品买卖，稳定商品和服务价格，保障新加坡工人的生活水平以及增强弱势群体的购买力。职总合作社通过推行合作社运动、提供低价服务、提供购物优惠卡、平抑通胀率等措施，为会员降低生活成本；通过帮助工人加入保险以及其他创收方式，为工会和会员增加收入。

二、欧洲国家工会与劳动雇佣管制

本书选取俄罗斯为案例国家，来研究欧洲的工会与劳动雇佣管制。俄罗斯目前最有影响力的工会组织是俄罗斯独立工会联合会（Federation of Independent Trade Unions of Russia，FNPR），又称俄罗斯独立工联，是苏联工会的主要继承者。21世纪初期，俄罗斯独立工联共有会员3 000余万人，占俄罗斯境内各类所有制企业劳动者总数的45%，约占俄罗斯总人口的21%，其下设120个成员单位，包括41个全俄与地区间工会组织。

俄罗斯工会经历了漫长的发展与改革过程，可以划分为三个阶段：沙皇俄国时期、苏联时期和俄罗斯联邦时期。俄罗斯工会组织发源于沙皇俄国时期，但在1917年俄国二月革命之前，由于受到沙皇政府的压制，整体上一直处于发展低谷，但沙皇政府迫于当时国内的劳工运动形势，仍承认了"工会联合会"存在的既定事实与其合法性。沙皇俄国时期的工会运动主要成绩在于构筑了工会组织的基本结构与实施机构，在一定程度上限制了大企业家所代表的利益集团。苏联时期的工会在地位、职能、性质以及行为特征方面与中国计划经济时期的工会组织十分类似。苏联中央政府将中央政府、地方市政和其他权力机关的部分职能转交给了各级工会组织，并在苏联建国初期开始形成集中化的趋势，全苏工会中央理事会（1917年成立）是其最高管理机关，在工会代表大会休会期间领导工会的全部活动。工会对国家的影响涉及劳动生产、社会保障、社会福利甚至是教育、卫生等方面，直至苏联解体前，苏联境内的官方工会一直是国家管理体制不可分割的一部分。

俄罗斯联邦时期的工会发展基调是：适应社会经济的市场化转型，确定工会与政府、雇主及其代表组织的社会合作关系。在这一背景下，俄罗斯各级各类工会组织不再是国家管理体制的一部分，工会的独立性与自由性得到显著提升。同时，工会也逐渐显现出自下而上的、自发的群众性组织特征，涉及矿产、铁路、航空、航海等不同行业，表明俄罗斯社会形成了促进工会发展多元化的社会与组织基础。在这些群众性工会组织中，最有影响力的是俄罗斯劳动联合会和全俄劳动联合会。

对于俄罗斯独立工联来说，除了面临其他非政府组织的竞争外，自身改革的迫切性也是其需要正视的问题。俄罗斯联邦时期的工会改革在帮助其逐步适应市场经济体制、融入社会合作机制的同时，如同俄罗斯经济体制改革本身也存在局限性一样，仍受制于传统工会运作模式的束缚，其中就包括劳工政策选择。如何消除寡头资本主义的不利影响，逐步实现劳资双方力量对比的相对平衡，是俄罗斯工会未来一段时期不得不考虑的问题。俄罗斯工会与劳动雇佣体制是大量欧洲市场化转型国家的典型代表。

三、非洲国家工会与劳动雇佣管制

在共建"一带一路"国家中，非洲是不可或缺的重要区域。随着全球治理体系的推进和国际秩序变革的加速，中国与非洲之间的共同利益在扩大，彼此之间的需求也在逐渐增加，中国与非洲的合作具有重大意义并且前景广阔。但是，随着中国在非洲投资的飞速增长，中资企业在非洲的本地化运营中也遇到了各种问题，其中以劳动关系治理最为突出。所以，了解非洲国家工会的概况及工会在劳动雇佣管制中的作用，对于在非洲投资的中资企业具有重要意义，有利于中资企业更好地在东道国处理涉及劳动关系的社会治理问题。

非洲国家工会最初以反殖民自由化斗争作为最重要的推动力，在国家独立后，工会转变为执政党和政府的"传动带"（transmission belt）。为了获得稳定的地位，非洲国家工会以放弃基本自由作为交换，为其成员谋得工作，为其领导提供特权。但是，20世纪80年代的债务危机和随之而来的经济自由化，导致正式经济中的大量失业和工会成员人数的急剧下降；更糟糕的是，许多政府开始改革相关劳动法律，这对工人极为不利。同时，在一些非洲国家，政治自由化打破了工会与政府之间的依赖关系，创造了一定的政治空间，并为新的、独立的工会的出现提供了条件，这在废除独裁政权方面起到了决定性作用。

面对正在进行的信息化和全球化的新要求，非洲国家工会是否会因此被淘汰，成为过去的遗物，还存在很大的争议。目前，外国在非洲的投资趋势清楚地表明，即使在全球化时代，工会组织仍有新的尚未充分开发的潜力，尽管其创造的就业机会相对于严峻的失业问题来说仍显得不是很重要。目前，非洲大陆的采矿和能源部门接受的外国直接投资最多。鉴于与这些投资相关的高资本支出，从投资者的角度来看，工会不太可能成为劳动关系发展的巨大阻力。

虽然现在非洲国家工会的力量相当薄弱，它们影响工资和工作条件以及保护工人权利的力量遭到了巨大的削弱，但是，外国投资的重新注入为工会组织创造了新的机会。更为重要的是，在许多国家，工会仍然是一支重要的政治力量，掌握政治权力的人必须考虑到这一点。尽管工会损失惨重，但它们仍然是非洲为数不多的社会组织之一，拥有相当大的选区，并具有全国性结构，有能力动员其成员参与社会或政治事务。此外，一旦发生严重的侵犯工会或人权的行为，非洲国家工会就可以获得国际工会组织的支持。对于这些工会组织来说，在未来的工会动员中，它们也将一次又一次地发挥重要的政治作用，特别是在政权过渡的情况下、在与独裁政权的斗争中，或在反对生活条件恶化的运动和抗议中。

第四节　本书结构安排

本书共八章，除第一章和第八章外，总体结构分为三大部分：第一部分介绍和分析当前全球工会运行的现状与发展趋势，第二部分研究工会在劳动雇佣管制中的作用及对境外投资的影响，第三部分是对共建"一带一路"国家中有代表性的国家工会的分析与研究。具体章节安排如下：

第二章为当前国外工会现状与发展趋势。这一章首先按照时间顺序介绍国外工会组织的起源和发展史，指出工会发展到今天，其重要性正在逐渐下降，在经济和政治上的处境都比过去更加严峻；其次对当今工会的组织密度和结构进行了描述；再次借助海曼的三种"理想类型"工会主义对工会角色和性质演变进行了探讨；再次分集体谈判、罢工、培训以及区域经济发展和绿色转型四个部分阐述了工会职能的演变；最后介绍了几个国际工会组织并分析了当前国际工会的发展趋势。

第三章为工会在劳动雇佣管制中的作用。这一章从劳动管制的概念和理论基础入手，分析影响劳动雇佣管制的因素，讨论工会在劳动雇佣管制体系中面对不同对象时表现出来的四种差异化角色，并明确指出不同角色发挥的具体作用；此外，还从五个方面分析了工会发挥作用的主要特征及工会合法性的依据。

第四章为工会对境外投资的影响。这一章首先指出工会是跨国公司投资所需着重考量的因素；其次采用文本分析法，以相关高频关键词为引导框架，对文献材料进行开放性编码和轴心编码，通过得到的部分国家的数据来分析政府政策、雇主及雇主组织在工会和投资关系中的作用以及三者如何互动进而影响投资，从而归纳出工会对境外投资的影响机制。

第五章至第七章分别介绍了共建"一带一路"亚洲、欧洲、非洲国家中工会与劳动雇佣管制的具体情况。其中，亚洲国家以新加坡为例，首先讨论了新加坡工会影响劳动关系的三种机制：国家三方协商机制、集体谈判和职总合作社，其次讨论了新加坡的集体谈判制度和劳资纠纷处理制度。欧洲国家以俄罗斯为例，讨论了俄罗斯工会的发展历程、工会改革面临的挑战及应对改革挑战的措施。针对非洲国家，先是整体介绍了非洲国家工会概况，接着以坦桑尼亚、肯尼亚和南非工会为例，对工会在劳动雇佣管制中的影响、工会发展面临的限制以及对外国投资的影响进行具体讨论。

第八章为结论与启示。

在设计本书的总体框架时，我们之所以要研究工会在劳动雇佣管制中的作用与角色，主要是因为工会作为劳动者的重要代表组织，尽管在经济全球化的背景下，其影响力和工会密度不断下降，但工会对政府雇佣管制的影响仍然广泛存在，工会也在不断适应时代的发展而进行相应的调整。所以，本书从工会发展和国际比较劳动关系的角度出发，全面介绍了工会的发展历史与基本概念、国别差异、作用以及目前所面临的挑战。通过研究，本书的核心观点是：劳资力量的博弈在国际投资关系中不可忽视，政府的劳动法律制度是工会影响境外投资的起点和落脚点，是工会、雇主组织与政府及其他利益相关者之间通过宏观和中观层面互动和博弈的结果。当一个国家的雇主组织为企业提供的服务内容很丰富，且具有强大的沟通协调能力和实力时，就能够抑制工会及其同盟势力的干预，推动政府形成自由的营商政策环境，从而有利于境外资本投资。

　　本书的研究为境外投资提供了一个战略决策方向，即冲突与合作是产业关系系统运行的两种基本状态，在落实共建"一带一路"倡议的同时，中国企业"走出去"所面对的是陌生的工会运行模式及劳动雇佣管制。基于此，深刻理解各国劳动关系主体的互动而形成的劳动关系平衡机制，对吸引境外投资制度建设与社会环境营造具有重要作用。

第二章

当前国外工会现状与发展趋势

在经济全球化背景下，大部分国家的工会密度呈现下降趋势，特别是典型的"自由市场经济体"——美国和英国的工会会员率下降更是显著。从全球工会发展趋势来看，以美国和英国为代表的商业工会主义国家，工会的衰落速度最快，其组织范围在逐渐缩小；以法国和意大利为代表的社会运动工会主义国家，工会呈现逐渐减弱的趋势；但以北欧和德国为代表的社团主义国家，工会发展趋势基本上维持稳定状态，仍保持了较高的工会覆盖率和入会率。随着工会组织规模的变化，工会发挥的功能也在不断变化，工会传统的主要功能，如集体谈判、罢工等，在逐渐弱化；而培训（技能和学习）仍是工会的重要功能；同时，参与区域/社区经济发展和绿色转型等成为工会拓展的新功能。

虽然全球工会发展呈现式微趋势，但工会在劳动力市场中仍具有较强的议价能力，其力量仍不可小觑；同时，在全球化背景下，工会对境外投资的干预与协作也是近年来工会研究的重要方向。所以，本章将对全球工会当前的发展现状和趋势进行阐述，为后面具体分析工会的具体问题提供背景性内容。

第一节　经济下行压力下的全球工会

21世纪初，全球很多国家出现了金融危机，工会组织面临着失业率剧增、信任度下降等来自外部环境的巨大压力，同时组织系统内部也存在复杂矛盾。2008年，全球金融危机爆发，造成很多企业关厂倒闭，许多国际知名跨国公司甚至在控制成本的考量下大幅裁员，各国失业率急剧增长。2009年，全球经济增长速度为-2.2%[①]，这是自第二次世界大战以来首次出现负增长。在此背景下，各国政

---

① UNITED NATIONS.World Economic Situation and Prospects 2010 [R]. New York: United Nations，2010.

府对工会组织的罢工以及工会提出的反对裁员、改善福利等要求大多采取压制的方式予以处理。雇主采取了多种措施和策略来寻求自保，比如转移生产基地、降低工人工资、降低工作场所运维支出等，并且极力反对工会运动。工人则在失业威胁下被迫接受更低的报酬、更差的工作条件，以及承诺不得加入工会或不得参加工会活动。工会在这次危机中缺乏应对措施，同时无法有效保护工人利益，被依赖度和信任度都有所下降，不得不面对工会成员流失的结果。

关于工会衰落和工会集体谈判受到破坏的原因，有学者总结了六种解释：①

第一，在从工业社会向后工业社会转变的过程中，技术变革发挥主导作用。制造业正在被服务业和知识工作所取代，制造业工会萎缩严重。

第二，经济全球化和国际化主要由跨国公司和市场自由化推动。跨国公司通过整合资本、产品、服务和劳动力市场，使得工会跨国联合监管的有效性减弱。

第三，新型用工关系和平台公司的出现使得工会监管变得越来越困难。新型平台公司，如优步（Uber）、来福车（Lyft）及爱彼迎（Airbnb）等，这些公司对特定地点的约束较小，并且通常没有正式的雇佣关系，这使得工会招聘和工人代表成本都变得特别高昂。

第四，传统基于阶级、职业的身份划分转变为基于消费者的身份划分，降低了工会的吸引力。

第五，自1989年以来，新自由主义的兴起使得工会主义的核心

---

① ACKERS P. Trade unions as professional associations [M] // JOHNSTONE S, ACKERS P.Finding a voice at work? New perspectives on employment relations.Oxford：Oxford University Press，2015：95-126.

价值观作为政治叙事的吸引力降低。

第六，工会的战略错误使其失去了权力和影响力。

总的来说，近年来，工会的组织能力和影响力大幅度下降，其发展受到很大阻碍。但是，在不同的国家、地区和部门，工会的发展状况也存在很大差异，比如北欧国家的工会仍然是重要的经济社会合作伙伴，其工会密度和集体谈判覆盖率仍然保持较高水平。另外，对于发展中国家和新兴工业化国家而言，虽然工会组织仍然较弱但具有强大的发展潜力。[①]所以，工会的发展式微并不能被认为是完全无力的，需要在不同情境、不同层面、不同结构下来讨论。

第二节　工会组织密度与结构

在过去的30多年中，经济全球化发展加强了世界范围内的经济联系，国际资本进行了大规模的跨国流动。但是，由于各国经济发展水平不同，同时受产业结构、工人队伍结构及工会密度等差异的影响，各国工会组织出现了许多不同的新情况和新问题。

一、工会密度

如图2-1所示，部分经济合作与发展组织（OECD）国家的统计数据表明，大部分西方国家的工会密度呈现下降趋势。2000—2019年的20年间，只有智利的工会密度保持小幅度增长趋势，从11.2%上涨到16.6%。哥斯达黎加和冰岛的工会密度变化则显示为先下降后上涨的趋势。在其他国家，甚至是北欧国家（如丹麦、瑞典），工会

① MARX A, WOUTERS J, RAYP G, et al. Global governance of labour rights: assessing the effectiveness of transnational public and private policy initiatives［M］. London: Edward Elgar Publishing，2015.

密度都在下降。在典型的"自由市场经济体"国家，美国的工会会员率由2000年的12.9%下降到2019年的9.9%左右，英国同期则由29.8%下降到23.5%。综合起来看，2000—2019年期间，经合组织工会会员率平均从20%持续下降到15.8%。

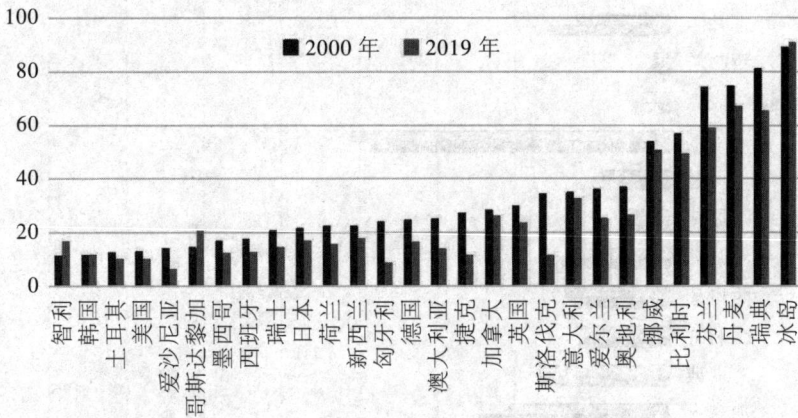

图2-1　2000年和2019年部分OECD国家的工会密度（单位：百分比）

资料来源：数据来源于OECD官方统计（https：//data-explorer.oecd.org/vis？tm=trade% 20union&pg=0&snb=170&vw=tb&df［ds］=dsDisseminateFinalDMZ&df［id］=DSD_TUD_CBC%40DF_TUD&df［ag］=OECD.ELS.SAE&df［vs］=1.0&dq=..&pd=2000%2C&to［TIME_PERIOD］=false&ly［cl］=TIME_PERIOD&ly［rs］=REF_AREA），少数国家2019年数据缺失，采用2018年的数据替代。

二、工会成员人数

不同于工会密度整体下降的趋势，经合组织国家的工会成员人数出现了两种不同的变化。如图2-2所示，将19个经合组织国家2000年和2019年的工会成员人数进行比较，有11个国家的工会成员人数呈现明显下降趋势；剩下的8个国家（将近有1/2）的工会成员人数则有所增加，包括意大利、加拿大、比利时、土耳其、挪威、新西兰、韩国、智利。

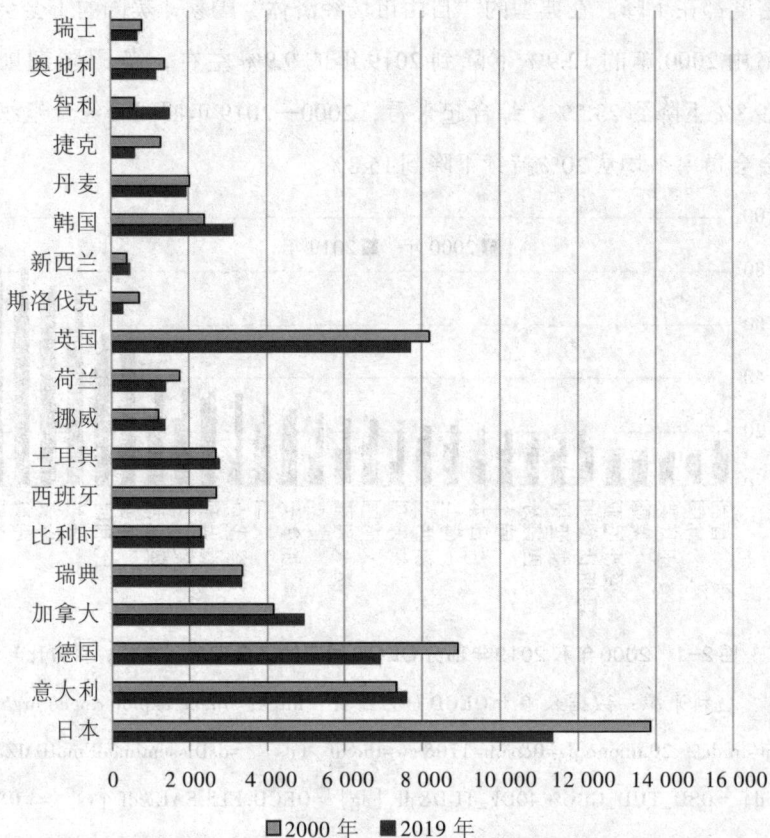

图2-2　2000年和2019年部分OECD国家的工会成员人数（单位：千人）

资料来源：根据OECD官方统计数据整理，由工会密度和就业人数两个指标计算而得，其中工会密度数据来源如图2-1，就业人数来源于 https://data-explorer.oecd.org/vis？pg=0&snb=37&df［ds］=dsDisseminateFinalDMZ&df［id］=DSD_ALFS%40DF_SUMTAB&df［ag］=OECD.SDD.TPS&df［vs］=1.0&dq=.EMP.._Z._T....A&to［TIME_PERIOD］=false&lom=LASTNPERIODS&lo=13&fs［0］=Topic%2C0%7CEmployment%23JOB%23&fs［1］=Topic%2C1%7CEmployment%23JOB%23%7CEmployment%20indicators%23JOB_EMP%23&fc=Topic&vw=tb。

三、工会结构

工会结构一般被认为是构成工会的基本原则，包括吸收和排斥会员的标准以及划分与区分会员的标准界限。海曼（2008）认为，这个概念有比较特殊的含义："它不是指个别工会间的内在组织关系，而是指作为一个整体运动的内在组织关系；就单个工会而言，工会结构这个概念表明的是所谓的'外部形状'。"①所以，当工会的组织更多元与更复杂的时候，工会结构也更难以清晰描述和界定，因为"外部形状"的划分标准和界限会变得更加繁杂。为了简化对工会结构的认识，我们可以从工会的部门分布、会员特征等来看看其中的发展趋势。

美国劳工部的统计数据显示，从20世纪60年代至今，美国工会会员率一直处于持续下降的趋势中，近几年来工会入会率更是创历史新低。2018年，美国工会入会率降低到100多年来的最低点，工会会员率为10.5%，比2017年下降了0.2个百分点。当前美国工会的现状是：公共部门工人的工会会员率（33.9%）是私营部门工人入会率（6.4%）的5倍，工会化程度最高的是从事保护服务的职业（33.9%）及教育、培训和图书馆职业（33.8%），男性的工会会员率（11.1%）仍高于女性（9.9%）。随着就业结构的变化，美国工会化程度由第二产业转移到第三产业。工会的成员结构也在不断变化，开始由以体力劳动者为主转变为以脑力劳动者为主，白领雇员的比例迅速提高。

在经济全球化背景下，共享经济实现了快速发展，出现了一些新兴产业，创造了许多新的就业岗位，这一变化也导致非全日制就

---

① 海曼. 劳资关系：一种马克思主义的分析框架 [M]. 黑启明，主译. 北京：中国劳动社会保障出版社，2008.

业占全职就业的比例（如图 2-3 所示）和临时工就业占总就业的比
例均呈上升趋势（如图 2-4 所示）。换句话说，就是体力劳动、标准
雇佣工人数量大幅减少，第三产业、脑力劳动、非标准就业（临时
工、非全日制工、兼职工等）、女工、移民工等数量大幅增加。由
于受职业特点和工会组织力量大小的影响，这些"新型工人"往往
远离工会。对于这些新型群体，工会难以进行统一组织，这无形中
会导致工会会员人数减少，同时也意味着工会与雇主抗衡的力量日
益式微。

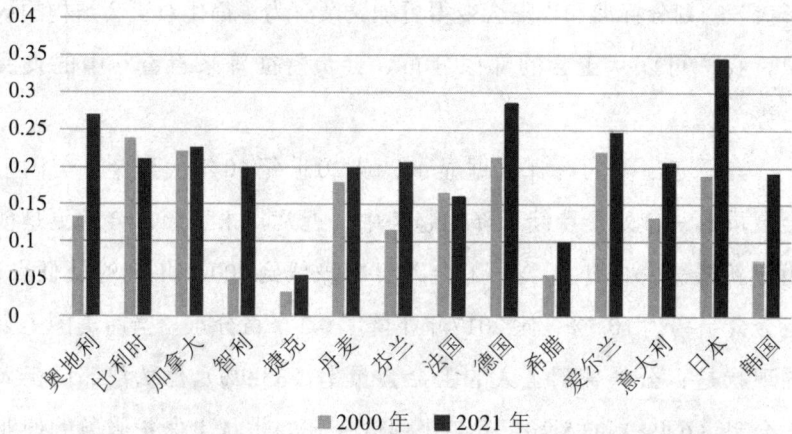

图 2-3　2000 年和 2021 年部分 OECD 国家的兼职就业与全职就业比例

资料来源：根据 OECD 官方统计数据整理（https://data-explorer.oecd.org/
vis? fs［0］=Topic%2C1%7CEmployment%23JOB%23%7CEmployment%20indicators%
23JOB_EMP% 23&pg=0&fc=Topic&bp=true&snb=37&vw=tb&df［ds］=dsDisseminate
FinalDMZ&df［id］=DSD_FTPT% 40DF_FTPT&df［ag］=OECD. ELS. SAE&df［vs］=
1.0&dq=. EMP. PS. _T. _T. EMP. MAIN. _T. FT% 2BPT.. A&pd=2010%2C&to
［TIME_PERIOD］=false&ly［cl］=TIME_PERIOD&ly［rs］=METHODOLOGY&ly［rw］=
REF_AREA%2CWORK_TIME_ARNGMNT）。

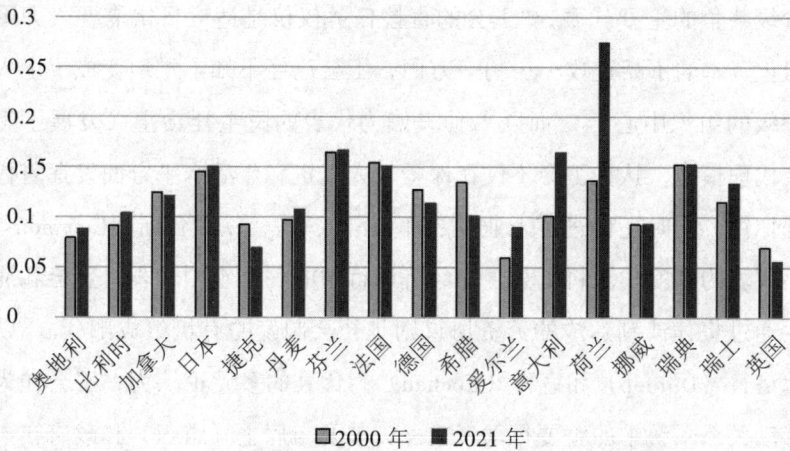

图 2-4 2000 年和 2021 年部分 OECD 国家的临时就业占总就业的比例

资料来源：根据 OECD 官方统计数据整理（https：//data-explorer.oecd.org/vis？ fs［0］=Topic% 2C1%7CEmployment% 23JOB% 23%7CEmployment% 20indicators% 23JOB_EMP% 23&pg=0&fc=Topic&bp=true&snb=37&vw=tb&df［ds］=dsDisseminateFinalDMZ&df［id］=DSD_TEMP%40DF_TEMP_D&df［ag］=OECD.ELS.SAE&df［vs］=1.0&dq=...T._T.ICSE93_1%2BICSE93_1_U% 2B_U. A&pd=2015%2C&to［TIME_PERIOD］=false&ly［cl］=TIME_PERIOD&ly［rw］=REF_AREA% 2CWORKER_STATUS% 2CCOMBINED_UNIT_MEASURE%2CMEASURE）。

第三节　工会角色和性质演变

对工会角色的研究首先是对工会的概念进行界定。大多数学者都认可西德尼·韦伯（Sidney Webb）与比阿特丽斯·韦伯（Beatrice Webb）在《英国工会运动史》一书中对工会的定义："工会是由工人组成的旨在维护并改善其工作条件的连续性组织。"①但对工会角色和性质的界定则存在不同的理解与解释，马克思主义将工会视为开展

---

①　韦伯夫妇. 英国工会运动史［M］. 陈建民，译. 北京：商务印书馆，1959.

阶级斗争的主要代表，"工会的直接任务仅仅是适应日常需要，力图阻止资本的不断进攻……另一方面，工会已经不知不觉地变成了工人阶级的组织中心"。[①]而以韦伯夫妇为代表的民主社会主义发展了工会代理模型，认为工会不仅在保护工人工资和生活水平方面发挥着代理作用，同时还促进了工业发展和经济效率。[②]以康芒斯（Commons）为代表的制度学派将工会视为经济运行中的一个组织代表，工会和雇主通过集体谈判达成的劳资协议则是社会制度的有机组成部分。[③]以邓洛普（Dunlop）和寇肯（Kochan）为代表的多元论认为，工会作为劳动关系系统中的主要行动者之一，需要与雇主（组织）和政府在一定框架内进行互动，通过产出一定的规则来维护劳动关系系统整体平衡。[④⑤]

　　工会有许多组织形式，具有不同的权力来源，但是，近几年随着科学技术、经济全球化的发展及劳工政策的变化，就业结构和岗位所需要的技能发生了重大变化，这些变化也导致了工会角色的变化。工会作为集体行动者的主要任务是"与那些向它们施加权力的人互动地部署工人的集体资源"。[⑥]因此，工会与其他部门的关系是比较密切的，在此我们借鉴海曼的三种"理想类型"工会主义来描述工会角色和性质的演变。[⑦]

① 马克思，恩格斯. 马克思恩格斯全集［M］. 中共中央马克思恩格斯列宁斯大林著作编译局，译. 北京：人民出版社，2007.
② WEBB S, WEBB B.Industrial democracy ［M］. London：Longmans, Green & Co., 1902.
③ KAUFMAN B E.The institutional economics of John R.Commons：complement and substitute for neoclassical economic theory ［J］. Socio-Economic Review, 2007：5（1）：3-45.
④ DUNLOP J T.Industrial relations systems ［M］. Boston：Harvard Business School Press, 1993.
⑤ KOCHAN T A, KATZ H C, MCKERSIE R B.The transformation of American industrial relations ［M］. Ithaca：ILR Press, 1993.
⑥ GUMBRELL-MCCORMICK R, HYMAN R.Trade unions in Western Europe：hard times, hard choices ［M］. Oxford：Oxford University Press, 2013.
⑦ HYMAN R.Understanding European trade unionism：between market, class and society ［M］. London：Sage, 2001.

一、商业工会主义

最早出现的工会类型可以称为商业工会主义（business unionism），这种类型的工会发端于英国工会运动。韦伯夫妇（1894）在其早期著作中提出了工会的概念，他们认为工会是"代表以职业为基础的选民组织的利益组织"。①后来，这个定义成为美国商业工会主义的基础，在塞缪尔·龚帕斯（Samuel Gompers）领导下成为美国劳工联合会的主旨，并成为了盎格鲁-撒克逊国家工会主义的主要形式。这种类型的工会主要是从集体谈判中获得力量（美国自由市场经济的典型案例）。

20世纪50年代，以美国和英国为代表的商业工会主义得到了极大的扩展，表现为工会组织及工会会员数量的快速增长。然而，这种形式的工会主义也被证明是非常脆弱的，随着制造业等商业工会主义传统产业基础被侵蚀，以及灵活就业形式的增加，商业工会主义逐渐被削弱。随着技术的发展以及资本的全球转移，全球劳动用工发生了极大的变化；同时，伴随着企业高绩效工作系统的使用，工会的角色逐渐被淡化。由于商业工会主义长期衰落，一些工会已转向扮演政治压力的社会团体，它们围绕特定问题进行社会动员。

总的来说，当前商业工会主义已经衰落了很多，并且其组织范围也在逐渐缩小，比如从全国性的、地区性的工会逐渐缩小为行业性的、个体性的工会，同时集体谈判的范围也随之缩小。但是，不可忽略的是，商业工会主义在劳动力市场中仍具有较强的议价能力，工会的力量不可小觑。

---

① WEBB S, WEBB B. The history of trade unionism [M]. London: Longmans, Green & Co., 1920.

二、社会运动工会主义

在社会运动工会主义（social movement unionism）中，工会成为更广泛的政治运动的一部分，通常与激进的事业联系在一起，主要是从激进主义和动员工人中获取力量。当然，工会的悠久传统决定了它们作为改革派或革命运动的一部分，特别是在工会经常被禁止的第三世界国家更是如此。南欧国家有个别工会或工会团体，如法国和意大利的工会，与工人政党密切相关，特别是在社会和政治动荡时期。在南非，工会运动是反对种族隔离和第一次非洲人国民大会领导的政府选举的一部分。然而，南非工会发现，一旦实现了政治变革，工会就很难从参与社会运动转变到承担更多的传统角色上来。

不难看出，社会运动工会主义与政治运动紧密联系在一起。这种类型的工会往往扮演较为重要的政治角色，一方面工会团结工人来维护其相应的权利，另一方面工会通过会员来掌控更多的投票选举权。所以，社会运动工会主义的发展具有时代特性，在政治较为稳定的时期，这种类型的工会就会日渐衰弱甚至被压迫。在政治动荡时期，这种类型的工会就有了较大的发展和成长空间。

在当今的政治环境中，在政局相对稳定的国家，社会运动工会主义呈现逐渐减弱的趋势。这种类型的工会往往是激进派，而且具备动员工人开展运动的能力，因此政府对这种类型的工会持忌惮与防备态度。总体来看，社会运动工会主义更像是政治非常时期的工会运行状态，一般在常态下则难以形成。

三、社团工会主义

在社团工会主义（corporatist unionism）中，工会是雇主和政府在国家社会经济发展中的"社会伙伴"。这种类型的工会主要是从社团主义和与政党的紧密联系中获得权力的。在欧洲，这种类型的工会既有天主教成分，也有社会民主传统，这些都融入了社团主义模式中。北欧的工会体现了社会伙伴关系对社团工会主义的强烈影响，工会同意限制工资增长，以换取自20世纪30年代以来平等参与社会政策的制定。德国的共同决定制度和工作委员会也是社团工会主义的典型例子。同时，在北欧和德国的社团工会主义体系中，工会采取积极的措施进行培训和技能开发，与雇主共同负责设计和实施全面的技能开发系统。

与商业工会主义和社会运动工会主义相比，社团工会主义的发展基本上维持稳定状态。在绝大部分国家的工会组织和工会会员数量急剧下降的背景下，北欧部分国家仍保持了较高的工会覆盖率和入会率。社团工会主义更倾向于构建和谐的劳动关系，即各利益主体之间的力量维持相对平衡，各方主体具有共同追求的目标。

但是，这三种工会主义是否适用于亚洲、拉丁美洲和非洲的新兴工业化国家还有待观察。许多因素影响了这些工会主义的演变方式，包括历史背景、经济发展阶段、政治民主化进程、经济和政治制度的差异以及公民社会特征（包括宗教的重要性和意识形态的分歧）等，这些都会影响一个国家工会运行的方式。

由于集体谈判的重要性下降，工会开始强调其作为工作场所合作伙伴和高绩效工作系统推动者的作用。在这种机制中，工会仍然可以传递工人的诉求并且能在企业层面与管理者进行对话。随着传统工会的衰落或工会在发展中国家的发展不顺利，出现了许多新的工人声音表达方式和员工代表形式。新的组织形式以不同方式承担工人代表的社会功能，如高绩效工作系统（HPWS）、企业社会责任（CSR）倡议、国际民间社会组织（CSOs）等，这些新的代表方式更加关注跨越公司或国家的新兴行动者联盟。

第四节　工会职能演变

韦伯夫妇（Webbs）在其著作《产业民主》中描述"工会的根本目的是通过共同保险、集体谈判或法律法规的制定来解决全体工人的最低劳动条件"，即工会的职能包括组织工人、集体谈判、提供互助保险以及制定共同规则。[①] 劳动关系多元论进一步强调了在劳动关系系统中多元行动主体间的互动到规则制定的过程，并将集体谈判当成了主要的互动活动，这也就意味着集体谈判成为工会的首要功能且是平衡产业关系各方力量的关键机制。[②] 随着经济和社会的发展，工会活动发生了一定的变化，集体谈判和罢工仍然是工会的主要活动，但工会也更加关注技能培训、教育等活动，并在原有职能的基础上，发展出了金融工具等新型职能。

一、集体谈判

工会和雇主之间关于工资和其他工作条件的集体谈判是民主社会一个重要的劳动力市场制度，该制度的覆盖面和影响随着时间和各国情况而异。1945 年以后，由工会和雇主组织进行的包容性谈判得到了明显的公共政策的支持。相比之下，自 2008 年全球金融危机以来，许多国家都面临着集体谈判的压力，这是在工会会员率长期下降之后发生的。集体谈判覆盖范围保持稳定或增加的国家一般是通过一系列政策措施支持包容性集体谈判。

根据国际劳工组织（International Labour Organization，ILO）的统

---

① WEBB S, WEBB B.Industrial democracy [M]. London: Longmans, Green & Co., 1902.

② BEHRENS M, HAMANN K, HURD R.Conceptualizing labour union revitalization [M] // FREGE C, KELLY J. Varieties of unionism: strategies for union revitalization in a globalizing economy.Oxford: Oxford University Press, 2004: 11-29.

计数据，2004年全球集体谈判覆盖率为61.37%；经过10多年的逐渐弱化，2017年全球集体谈判覆盖率为35.5%。从图2-5可以看出，全球集体谈判覆盖率呈现逐步下降的趋势。但是，在不同国家和地区，情况有很大的区别。

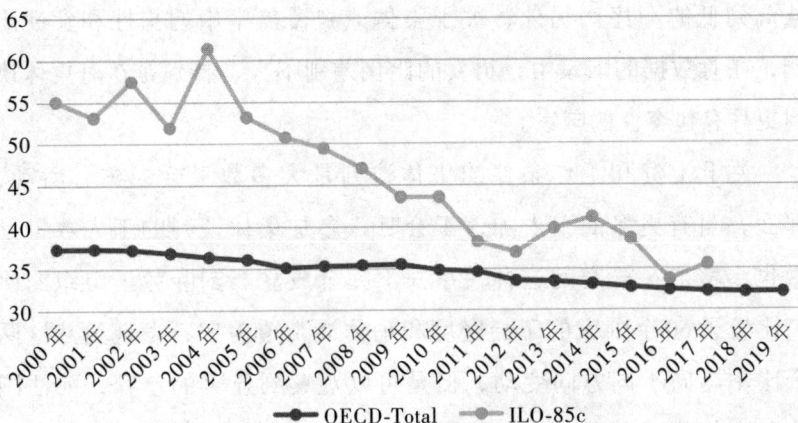

图2-5　OECD和ILO统计的集体谈判覆盖率的变动趋势

资料来源：OECD数据来源于官方统计的总覆盖率数值，ILO数据来源于官方统计的85个国家（总体估计取了当年有数据国家的均值）。

国际劳工局在2017年第1期简报中考查了75个国家集体谈判覆盖范围的差异。[1]研究显示，从埃塞俄比亚、马来西亚、菲律宾和秘鲁的1%～2%到法国、比利时、奥地利和乌拉圭的近100%。不同国家的集体谈判覆盖率存在显著差异。从覆盖率上看，可以分为四种不同的水平，分别是土耳其、美国、韩国和墨西哥等国的极低水平，日本、加拿大、英国和南非等国的中低水平，巴西、德国和澳大利亚等国的中高水平，意大利和法国等国的高水平。[2]另外，按

---

① VISSER J，HAYTER S，GAMMARANO R.Trends in collective bargaining coverage：stability，erosion or decline？［R］．Geneva，Switzerland：ILO，2017.
② 覆盖率表示工资和工作条件受一个或多个集体协议管制的工人比例。虽然计算就业中工资和薪金收入者的覆盖率是标准做法，但在非正规经济规模较大的国家，与总就业率相比，正式的雇员类别可能较少，而高覆盖率可能反映出关于劳动力市场集体谈判的重要意义。

总就业（广义）比例计算的覆盖率总是低于按雇员数（狭义）比例计算的覆盖率，有些国家采用两种口径计算的覆盖率差异比较大，例如赞比亚（6%和38%）、委内瑞拉（7%和13%）、巴西（42%和65%）等。但是，无论采用哪种统计口径，都不会影响各国覆盖率从高到低的顺序。另外，关于集体谈判覆盖率中的男性和女性比例，在有数据的国家中，男女的比例差别不大，特别是在对集体谈判更具有包容性的国家。

关于工资和工作条件的集体谈判是大多数工会的核心活动，那么，当有更多的工人加入工会时，参加集体谈判的工人数量是否也会增加？答案是这种关系并不完全成立。国际劳工组织的研究比较了60个国家的工会密度和集体谈判覆盖率，发现虽然这两个比率趋向于同方向变动，但是可以观察到显著的差异，如法国这种高集体谈判覆盖率和低工会密度的国家，以及菲律宾和马来西亚这些高工会密度和低集体谈判覆盖率的国家。[①]在这些国家中，有13个国家的工会密度超过了集体谈判的覆盖率，其中有一半的国家差距还比较大。对此有四种解释：第一，各种数据的来源不同造成测量误差，扭曲了真实情况；第二，工会成员可能集中在公共服务领域，采用集体谈判以外的方法来确定雇佣条款和条件，如公共服务咨询机构；第三，工会可能认为它们的主要任务是政治游说和社会保障管理，而不是集体谈判；第四，雇主可能抵制集体谈判，所以工会成员可能不会参与到谈判中，但仍保留其成员资格。

还有40多个国家是集体谈判覆盖率超过了工会密度，我们可以用法国来举例说明。法国只有8%的劳动力加入了工会，但98%

---

① VISSER J, HAYTER S, GAMMARANO R.Trends in collective bargaining coverage: stability, erosion or decline? [R]. Geneva, Switzerland: ILO, 2017.

的劳动力被集体谈判所覆盖。虽然自1980年以来，法国的工会化还在大幅度下降，但集体谈判覆盖率实际上有所上升。劳动者对法国工会的支持程度可以通过在工会选举中投票，并愿意在工会呼吁下采取罢工行动的人数比例来评估，这样的评估方法会更准确。

总体来看，工会的集体谈判能力正在不断弱化；同时，资本主义国家的集体谈判呈现分散化趋势，谈判单位之间的冲突越来越普遍。这种分散化趋势可分为两种类型：一种类型是基于产业层面的规则和框架来进行企业层面的谈判；另一种类型是所有内容都是由企业层面的谈判来决定的，产业层面以及更高层面没有相应的限定或指导标准。①在德国，劳资协定分为三个层面：产业层面、企业层面和工作场所层面。其中，工作场所层面的劳资协定就是由工作委员会代替工会与管理者协商确定的。

二、罢工（集体行动）

这部分我们分三点来论述，分别是罢工的合法性、罢工频率的下降和罢工诉求的多元化。

1.罢工的合法性

在历史上，工会的战略罢工与政治运动进程相结合，罢工促进了政府对工会承认的制度化合法程序，从而在欧洲培养了大量工会的劳动力储备。特别是在有强大统合主义安排的欧洲国家，集体谈判制度往往规范了"常规化"罢工的整个程序，在一定程度上从制度方面约束罢工的行为。因此，谈判的机构和罢工规则在很大程度上反映了罢工的实际模式。随着各国劳动关系的变化，尽管罢工行为已被制度

---

① 肖巍，钱箭星. 发达国家劳资关系的变奏——罢工的视角 [J]. 国外理论动态，2015（11）：70-76.

化，20世纪90年代西欧的罢工活动有所减少，并且一直处于相当低的水平，但是罢工现象并未消亡，只不过罢工行为本身存在显著的国别差异。

对罢工行为的评估有多维度标准，主要体现在三个指标上：罢工数、参与罢工的工人数量和停工的天数。自2008年以来，罢工覆盖的国家数量和可靠的罢工数都有所下降，但低估罢工活动一直是长久以来饱受争论的问题。虽然罢工活动最近有所减少，但罢工仍然是当代劳资关系的一个重要方面，因为罢工具有破坏性潜力。

罢工在调整劳动关系中仍在持续发挥作用，但人们对罢工的有效性一直抱有怀疑态度。生产力和实际工资增长脱钩、公共部门财政紧缩以及私营部门和供应商之间的跨国竞争等，都是削弱工会集体谈判力量、缓解阶级冲突、降低罢工有效性的因素。因此，在大多数发达经济体中，罢工、劳资冲突以及集体谈判的数量和效力不断下降，这有助于形成一种自我强化的逻辑，在不能预估取得重大胜利的情况下，工人不太倾向于采取罢工行动或其他集体行动。在欧洲，一些民主党派为了赢得选举或继续执政，都放弃了工会运动传统，而转向采取合作或防御性行为。这些政治运动的变化对工会罢工活动提出了较大的挑战，工会需要重新审视集体谈判、罢工以及工会在政治运动中的角色。

2.罢工频率的下降

随着经济全球化及科学技术的进步，全球的罢工数量及效果持续降低。在表2-1中，欧洲国家作为罢工的"主战场"，大部分国家的罢工频率也在持续下降。

表2-1 　　　　　 1990—2019年欧洲国家罢工情况

国家	罢工和停工次数（次/年）			损失的工作日（天/年）		
	1990—1999	2000—2009	2010—2019	1990—1999	2000—2009	2010—2019
意大利	893.10	692.78	—	232.03	139.39	—
葡萄牙	272.00	172.50	105.30	9.95	4.89	5.93
西班牙	1 027.20	759.30	802.20	29.59	216.18	74.13
澳大利亚	701.10	495.90	202.40	82.53	28.31	10.18
德国	—		856.20	18.80	14.94	26.48
荷兰	19.80	20.60	24.30	13.03	6.34	13.64
挪威	15.30	10.30	7.00	15.39	10.15	12.66
瑞典	29.70	9.70	6.00	18.55	77.96	1.19
瑞士	3.30	5.30	8.00	0.55	1.22	0.39
芬兰	166.40	120.90	125.60	31.58	15.19	10.47
丹麦	575.80	716.10	237.50	40.59	26.19	10.73
英国	273.40	153.60	110.40	65.96	69.85	44.83

资料来源：数据来源于ILO官方统计（https：//ilostat.ilo.org），表中的数据为年份段中数值的平均值。

　　导致罢工频率降低的原因主要有以下几点：一是工会密度大幅度下降，工会会员人数减少，工会结构发生了较大转变。全球产业结构发生了很大的变化，第二产业从业人数总体比重下降，一些传统产业的工会活动明显减少。服务业从业人数大幅度增加，但是由于员工分布较为分散且利益多元化，难以组织起来进行斗争。二是罢工的成本高昂，且成功概率较低，从而降低了工人的罢工意愿。罢工虽然是劳方最有力的抗争工具，但其实是一种"杀敌一百，自伤五十"的措施。所以，为了尽量减少双方的损失，罢工是各方克制后不得已的选项。在全球化竞争日益激烈的背景下，工会必须考虑企业的长期发展，罢工可能危及企业的生存，进而引发工人的失业风险。三是罢工虽然能在很大程度上为部分劳动者争取利益，但对于整个国家利益有损伤，从而无法得到政府和民众的支持。比如铁路、航空等部门的罢工会影响民众的出行，罢工活动会被迅速地镇压和瓦解。对于很多核心部门或领域，法律则禁止罢工。

3.罢工诉求的多元化

工人的罢工诉求从维护经济收益进一步扩展到改善工作条件、社会保障以及参与企业经营管理等。在全球化背景下，工会针对政策的政治性罢工有所增加。所以，罢工的诉求逐渐多元化，呈现出与以往不同的特征。

传统的罢工主要是针对薪酬待遇和工作条件等内容，这些仍是当前大部分罢工的诉求。2019年5月29日，新西兰全国近5万名教师参与罢工游行，成为新西兰有史以来规模最大的教师抗议活动。这也是新西兰中小学教师第一次联合罢工，约有77.3万名学生受影响，此次罢工主要针对新西兰政府给出的涨薪方案。[1]同月27日，法国巴黎卢浮宫博物馆员工因不满工作条件恶化而罢工，以此向管理层来表达愤怒。[2]

在全球化发展背景下，很多国家的政府纷纷在社会保障福利、劳动力市场、经济危机应对等领域推出了相应的改革政策，而这些改革政策也成为了引起罢工的导火索。2019年1月8日至9日，印度全国

---

① 佚名. 新西兰约5万名教师罢工，教育部长拒绝加薪要求 [EB/OL]. (2019-05-30) [2024-10-14]. https://baijiahao. baidu. com/s? id=1634933376891 1010184&wfr= spider&for=pc.
② 佚名. 员工因不满工作条件恶化罢工，卢浮宫闭门谢客一天 [EB/OL]. (2019-05-28) [2024-10-14]. https://baijiahao.baidu.com/s? id=1634760941371206967&wfr= spider&for=pc.

总工会组织了10个全国性的行业工会，共同发起了为期两天的全国大罢工，上街游行示威的民众多达2亿人。这次罢工主要是因为印度政府通过了一项新的法案，旨在推动公共部门私有化，并且有损工人和工会的利益。①

另外，随着经济全球化给企业经营管理带来的极大挑战，企业也在寻求转型或变革以应对全球化竞争。企业在调整经营策略和雇佣制度时，往往会触及劳动者的利益，或者增加了劳动者收入的不确定性，或者导致安全感的缺失，所以这些做法会遭到劳动者的反对，在谈判无果时就会引起罢工。2014年，法国航空公司由于面临巨大的亏损压力，准备采取一项经营计划，即投入10亿欧元来发展旗下的廉价航空业务，但是该航空公司的员工认为这是一个变相的"工作外包"计划，会导致裁员和降薪。于是，法国航空公司工会从2014年9月15日起，组织核心飞行员等员工进行了为期两周的罢工，要求该公司取消该项计划。②这次罢工不仅给法国航空公司带来了巨大的经济损失，还引起了法国社会的深刻担忧。

随着新兴技术的发展，新产业和新技术导致了结构性失业，劳动力供求出现了错位。一方面，新产业产生了大量的新工作岗位，但是新岗位对于新技能的要求导致劳动力市场供给不足；另一方面，由于新技术替代了传统岗位上的劳动者，劳动者面临失业风险。所以，在供需不匹配的情况下，就出现了抵制新技术的罢工。热议的话题之一就是网约车对传统出租车的冲击。2014年6月11日，英国伦敦近万名出租车司机聚集到特拉法加广场，进行罢工示威活动，主要针对管理持证出租车的伦敦交通局。工会认为，该部门没有严格实施1998

① 佚名. 2亿人上街游行抗议，这可能是人类历史上最大规模罢工 [EB/OL]. (2019-01-15) [2024-10-14]. https://baijiahao.baidu.com/s? id=1622718166906563077&wfr=spider&for=pc.
② 李斌. 法航大罢工或引发社会动荡 [N]. 上海文汇报, 2014-09-24 (3).

年颁布的有关无牌照私人出租车管理的规定，放纵优步（Uber）等打车软件，导致行业内的不平等竞争，从而影响了出租车的正常运营并导致司机收入下降。①类似的案例还有2019年5月，法国总工会等五家工会和职业协会在巴黎发起了"蜗牛"行动，反对新版交通法，认为其打破了载客专车与出租车之间的平衡。

三、培训（技能和学习）

人们普遍认同技能对于经济发展的重要性。2010年，二十国集团承诺支持培训政策和系统，以促进"强劲、稳定和平衡的发展"。②二十国集团主张广泛地界定培训和技能，培训涵盖全生命过程：先由基础教育奠定就业能力的基础，然后由初始培训提供核心工作技能和能力，再通过终身学习获取技能和胜任力，更好地应对工作、技术、技能要求的改变。G20倡导建立包含雇主、工人及其代表组织的机构，以促进培训的持续性，并确保培训成本和生产力收益的公平分享。2012年，OECD发布"技能战略"，倡导跨政府的综合方法，帮助各国以改变生活和推动经济的方式投资技能。ILO还强调了社会组织和集体谈判对于技能发展和工作场所学习的重要性。

技能性质的变化给工会带来了挑战，工会的会员规则是基于某些技能或手工艺之间的历史分界线，以及技能和非技能工作之间的历史分界线。正如Cooney等（2012）③所指出的，"工会需要对技能进行定义，这样它们的成员就可以接受技能培训、技能评估，然后将会员放在适当的工作分类和工资率上"。代表熟练工人的工会通过学徒和

---

① 佚名. 伦敦近万名出租车司机罢工抗议［EB/OL］. (2014-06-12)［2024-10-14］. https: //news.cctv.com/2014/06/12/VIDE1402545698512603.shtml.
② ILO.A skilled workerforce for strong, suatainable and balanced growth: a G20 training strategy［R］. Geneva: ILO, 2010.
③ COONEY R, STUART M.Trade unions and vocational education and training in theory and practice［M］. London: Routledge, 2012.

其他形式的培训来强制执行一定程度的知识，从而在规范某些职业的准入方面发挥了重要作用。这个过程通常作为规则嵌入集体协议和奖励中。新兴的技能与用工关系因此变得复杂和有争议，这些问题并不总是通过工业协议来解决。①

工会传统上侧重于初等形式的职业教育和培训，涉及入门级培训和通过学徒培训获得基本资格。然而，对职业教育和培训的经济回报方面的研究表明，在收入增长方面，获得较低水平的技能所带来的优势比处于中等或更高水平的技能所带来的优势要少。②但工会对继续职业教育和培训的影响较小，因为这往往被视为一个管理特权领域，工会在其中发挥的作用有限或微乎其微。

正如Cooney等（2012）所指出的，培训的种类和程度至关重要。他们认为，由于新自由主义经济政策改变了劳动力市场条件，制造业和公共部门就业率下降，兼职、合同和临时工的增加以及总体劳动力的增加使继续职业教育和培训对工人来说越来越重要，风险从公司和国家转移到了家庭和个人。所有这些变化都意味着找一份技能和资格相匹配的工作越来越困难了。

员工对结构化和连续的培训很感兴趣，这些培训为他们提供了从较低技能水平到较高技能水平的机会。雇主对他们的雇员感兴趣，是因为雇员拥有公司特有的技能，而不是一般技能，这使得雇员对其他雇主也有吸引力。一些工会正在寻求谈判，让他们的成员获得更多、更广泛的技能方面的持续培训，这将给工会成员提供更多的就业机会，以获得更高报酬的工作。此外，一些雇主还看到了拥有多种技能、灵活且能够为其组织提供更大价值的员工的优势。

---

① COONEY R.Australian unions and vocational training: theory and cases [J]. Labour and Industry, 2010, 21 (2): 529-544.
② LONG M, SHAH C.Private returns to vocational education and training qualifications [C]. Adelaide: National Centre for Vocational Education Research, 2008.

扩大工会集体行动计划会涉及新的工会职能，比如培训。技能和学习作为工会新职能的理由是需要占用影响工人生活的空间，技能结构对工人职业以及经济发展至关重要，这样就为地方劳动力市场改革提供了一个潜在的新的工会权利基础。英国布莱尔政府期间的新工党尝试建立工会学习基金，用于支持数千名工会代表进行学习培训，并积极促进和参与中央劳工组织（工会大会）的活动。但是，这一举措只有在工会强势存在的情况下才有效，但也有比较特殊的，例如在瑞典，技能被视为"良好工作"更广泛议程的一部分。

四、区域/社区经济发展和绿色转型

工会参与经济治理，为扩大工会组织提供了另一条发展途径。Dean 和 Reynolds（2009）[1]提出美国社区经济发展中工会积极主义的议程，强调以构建渐进式经济发展为中心的联盟所需的分析和链接能力。Pape 等人（2016）[2]同样探索了包括工会在内的弱势群体如何成为促进区域经济治理和发展的领导者。这种发展战略也可能需要新的金融工具，比如20世纪80年代，加拿大魁北克省工会率先推出工人投资基金。这些替代性金融工具的具体任务是将退休储蓄投资于创造本地就业机会和建立相关的区域投资基金，从而有利于创造就业机会。金融机制增强了工会参与经济的战略能力，并增强了其作为经济问题实际对话者的合理性。

扩大工会集体行动计划需要不断试验，这是一个漫长的过程，需要新的能力使这些新行动与更大的工会目标相联系，工会行动进行变革也需要相应的能力。

---

① DEAN A B, REYNOLDS D B.A new deal: how regional activism will reshape the American labor movement [M]. Ithaca: ILR Press, 2009.
② PAPE M, FAIRBROTHER P, SNELL D.Beyond the state: shaping governance and development policy in an Austrilian region [J]. Regional studies, 2016, 50 (5): 909-921.

第五节　国际工会组织

19世纪70年代，一些欧洲国家建立了国际性的产业工会联合会，如烟草、皮革、纺织等产业工会联合会。第二次世界大战后，各个国际性的工会组织经过扩大、联合、分裂、重新组合等发展历程，逐步形成了三大国际工会组织：世界劳工联合会、世界工会联合会和国际自由工会联合会。2006年10月31日，世界劳工联合会和国际自由工会联合会宣布解散。次日，国际工会联合会在维也纳宣布成立，其实质是由国际自由工会联合会、世界劳工联合会以及8个独立工会组合形成。当前，世界上有两大国际工会组织，即国际工会联合会和世界工会联合会，如图2-6所示。

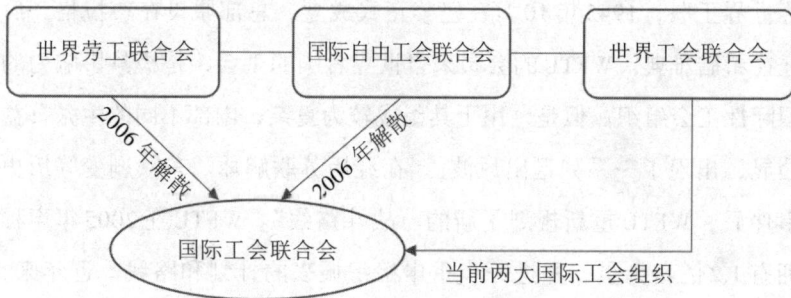

图2-6　国际性工会组织

一、世界劳工联合会

世界劳工联合会（World Confederation of Labour，WCL）简称世界劳联，成立于1920年，总部设在布鲁塞尔。其前身是国际基督教工会联合会，在1968年10月第16次代表大会上改名为"世界劳工联合会"。WCL把自己定义为多元主义者和人文主义者，其主要目标是捍卫工会自由和协助工会发展。它声称在116个国家拥有2 600万名会员，①其中最大的团体是比利时基督教工会联合会（有160万名会员）。WCL是在联邦制基础上组建而成的，这使其自治的工会拥有广泛的自由裁量权。WCL最高权力机构是代表大会，每4年召开一次会议，任命新的秘书长；执行委员会则负责WCL的日常事务和总体领导。WCL在拉丁美洲（加拉加斯）、非洲（洛美）和亚洲（马尼拉）设有区域组织，并在布加勒斯特、日内瓦和华盛顿设立了三个联络处。WCL在国际性组织中具有较高的地位，但是于2006年10月31日宣布解散。

二、世界工会联合会

世界工会联合会（World Federation of Trade Unions，WFTU）简称世界工联，1945年10月在巴黎正式成立，总部原设在布拉格，后迁往希腊雅典。WFTU的会员来自世界各国的工会，是极具影响力的国际性工会组织。但是，由于其组成较为复杂，内部不同的主张日益凸显，出现了一系列退出风波。②在经历苏联解体、东欧剧变等历史事件后，WFTU重新规划了新的"战斗路线"。WFTU在2005年声称拥有1.2亿名会员，并进一步重申组织振兴的计划和路线。近年来，WFTU成功地招募了几个重要的工会，其中包括英国的铁路海事工会。它还在不同大陆的不同办事处组织工会活动家到各个会员组织所在地进行定期交流和访问，以促进相互之间的关系。WFTU的基本原则和价值体现在以下关键词中：分析、行动、团结、斗争、民主、团结、独立、协调。③WFTU的最高权力机构是世界工会大会，每5年

---

① TURNER B.World Confederation of Labour（WCL）[M] // TURNER B.The statesman's yearbook 2007.London：Palgrave Macmillan，2006.
② 余维海，杨青青. 国际工人运动中的一支重要力量：世界工会联合会的回顾与前瞻[J]. 当代世界社会主义问题，2018（3）：32-41.
③ 参见世界工会联合会官网（http：//www.wftucentral.org/history/）。

举行一次；另外，它还设立了主席理事会（Presidential Councial）、特别委员会（Special Committees）和秘书处、区域机构等权力和执行部门。

三、国际自由工会联合会

国际自由工会联合会（International Confederation of Free Trade Unions，ICFTU）简称自由工联。1949年12月，一些西方国家的工会在退出世界工会联合会后，在伦敦举行了国际自由工会联合会成立大会，总部设在比利时首都布鲁塞尔。ICFTU受社会民主主义影响，更加强调自由、民主。从20世纪50年代开始，ICFTU积极招募来自亚洲和非洲发展中国家和地区的新成员，其成员人数从1988年的8 700万人增加到2006年的1.57亿人。它的最高权力机构是每4年举行一次的代表大会。ICFTU有三个区域组织：亚洲及太平洋地区的区域组织（APRO）、非洲区域组织（AFRO）和美洲区域组织（ORIT）。国际自由工会联合会工作的核心是捍卫工人权利。2006年10月31日，ICFTU宣布解散。

四、国际工会联合会

国际工会联合会（International Trade Union Confederation，ITUC）是目前世界上最大的工会联合会，成立于2006年11月1日，成立大会在维也纳举行。ITUC最主要的组成部分是国际自由工会联合会和世界劳工联合会，它还吸收了其他8个独立工会。ITUC在成立大会上通过了原则宣言和纲领，明确了其原则、使命和任务。从总体来看，ITUC延续了ICFTU的组织理念，推行社会民主主义，反对新自由主义。ITUC的成立加强了工会之间的联合，以应对21世纪初以来工会面临的多重挑战。ITUC的关注点不仅局限于传统的维护工人权益，而且强调要适应经济全球化的要求，致力于贫困、不平等、剥削等问题的改善。ITUC有三个主要的区域组织：亚太地区组织、美国区域组织和非洲区域组织。2014年，ITUC首次公布了全球权利指数，该指数根据97个与工人权利有关的指标对国家进行排名，如免于暴力条件以及罢工和工会的权利。截至2018年，ITUC有遍布163个国家和地区的331个附属组织，共代表2.07亿名会员。

五、国际劳工组织

国际劳工组织与前面的国际性工会组织的性质是不同的。国际劳工组织于1919年根据《凡尔赛和约》作为国际联盟的附属机构成立，于1946年成为新成立的联合国的一个专门机构，被称为联合国唯一的三方机构，即将187个成员国的政府、雇主和工人代表聚集在其执行机构中。[①]ILO的成立显示出一种信念，即只有建立在社会正义的基础上，才能实现普遍和持久的和平。其主要目标是维护工作中的权利，鼓励体面的就业机会，加强社会保护并加强有关工作问题的对话。通过其独特的三方机构，ILO为工人、雇主和政府提供了平等的发言权，以确保社会伙伴的观点在劳工标准以及制定政策和方案中得到准确的反映。ILO在很多历史关键点上发挥了重要作用，比如大萧条、非殖民化运动、南非终结种族隔离等，并于1969年成立50周年时获得了诺贝尔和平奖。该组织的最高权力机构是国际劳工大会，每年举行一次会议，通过新的国际劳工标准，并批准新的工作计划和预算。《费城宣言》仍然是ILO关于宗旨和目标的宣言，规定了ILO在第二次世界大战结束后工作的主要原则，其中包括"劳动不是商品""所有人，不论种族、信仰或性别，都有权在自由和尊严、经济安全

---

① 资料来源于ILO官方网站（https://www.ilo.org/global/about-the-ilo/WCMS_374809/lang--en/index.htm）。

和机会平等的条件下追求物质福祉和精神发展"等。2019年是ILO成立100周年，它组建了一个全球工作未来委员会，为各国政府提出10项建议，以应对不断变化的工作世界所面临的前所未有的挑战，其中包括普遍的劳动保障、从出生到老年的社会保护以及终身学习的权利。

第六节　工会未来发展趋势

近几十年来，世界经历了技术、经济和政治的巨大变化。随着基础科学研究的发展与突破，各种现代制造技术日新月异，不断改变着社会的运行方式。新的生产技术以智能化、数字化、信息化为特色，重塑整个工作世界，在带来新的生机的同时，也使在传统领域工作的人更加担忧，市场、生产、供给、需求等发生了极大的转变。与此同时，零工经济、平台经济等新的经济形式为灵活就业提供了巨大的蓄水池。一方面，这能有效缓解劳动者失业的冲击；另一方面，因为不确定的雇佣关系，劳动者无法更好地保护自己的权利。另外，全球政治格局和体系正在发生深刻调整，逆全球化思潮在西方国家涌动，这种百年未有之大变局给整个世界带来了波动和挑战。

工作和劳动力市场的变革，以及政治和经济状况的转变，为工会和劳工运动创造了一个更加复杂和困难的环境。在成熟的工业经济体中，产业结构的变化意味着许多工会想从传统产业中吸收更多会员的机会变得越来越少。制造业曾经是工会的中心地带，随着制造业就业的减少，工会的成员也随之急剧减少，工会发展会员的方向逐步向公共部门和服务业转移。在制造业增长的新兴工业化经济体中，工会一直在努力争取立足点或向其他部门扩张。从整体来看，工会发展正面临着巨大的挑战和困难。

工会的未来发展前景如何？工会组织的形成及最初的使命是否仍适用于当今的环境？这些问题都需要进行更深层次的讨论。无论是当前强调工会复兴还是唱衰工会，一个不能否认的事实是：工会未来的发展将是一个极其缓慢和漫长的过程。如何调整战略以适应环境的变化？我们认为这才是值得研究的命题。我们认为，工会保持开放的态度，拥抱变化，这是工会未来发展最大的趋势。

第三章

工会在劳动雇佣管制中的作用

这一章主要从劳动雇佣管制①的概念出发，在政府管制理论的基础上，以政府管制目标体系和路径体系为主要内容，介绍劳动雇佣管制体系及其制约因素。本章首先阐述劳动雇佣管制理论，在此基础上，分析工会在劳动雇佣管制体系中面对不同对象时表现出来的差异化角色，并探讨这些不同角色发挥的具体作用。本章最后从工会的工作目标、实践路径、方式方法、自身角色以及未来发展五个方面阐述工会发挥作用的主要内容。本章在具体的阐述和分析中，以管制理论作为角色分析的理论基础，以统合主义的研究方法作为工会作用分析的主要方法。

第一节　劳动雇佣管制理论

劳动雇佣管制以管制理论为基础。本节围绕劳动雇佣管制体系，明确劳动雇佣管制的概念、理论类别、特征、各方角色、主要内容、实践形式以及制约因素等方面的内容，为之后对工会的角色定位、作用及特征分析做理论铺垫。

一、管制研究的理论基础

管制又称监管或调节，通常是指政府（或管制机构）利用国家强制性权力对微观经济主体进行直接的经济、社会控制或干预，以克服市场失灵，实现社会福利最大化。②管制理论的研究发源于20世纪70年代，该理论与经济发展阶段有密切联系，着重以部分经济理论的结

---

①　之所以使用"管制"而非"规制"，是因为"管制"一词更具有阶级属性，是指统治阶级的部门、机构对违反统治阶级意志的个人、组织等采取的限制措施，在国内多用于刑法而非劳动法。
②　张红凤. 西方政府规制理论变迁的内在逻辑及其启示 [J]. 教学与研究，2006 (5)：70-77.

论来描述、分析公共政策效果。①管制理论发展至今，先后围绕公共利益、利益集团、激励、竞争理论四个方面形成了阶段性的理论成果。

在现有研究中，国内外众多学者对管制理论的发展进行了较为详尽的描述，本章对其类型划分与内容进行总结，以奠定下文分析工会作用与特征的依据。

从管制的内容来看，管制理论发展的四个阶段分别是：

（1）公共利益管制理论。作为管制理论发展的起点，公共利益管制理论是基于市场失灵和福利经济学理论构建的分析框架，将市场失灵作为政府管制的动因。公共利益管制把政府视为公共利益的代表，管制市场活动中的无效率和不公平行为，保护公众的利益，提高整个社会的福利水平。②

（2）利益集团管制理论，又称俘获理论。该理论认为，利益集团在管制政策、行动的选择与实践中发挥了关键作用，并提出利益集团参与管制的主要动因是增进本集团的利益。这一阶段的理论是在探寻管制政策的政治因素时产生的，认为利益集团的权力和能够施加的政策压力大小取决于集团的代表性与代表能力。③

（3）激励性管制理论。该理论并没有较为固定的制度或实践模式，它更加注重管制行为的有效性，强调在管制过程中根据外部环境的变化调整管制行为，从而消解信息不对称对管制结果的不利影响。同时，激励性管制理论还提出为了规避管制主体与客体之间的委托-代理问题，需要采取灵活的政策与行动。在此条件下，通常采取特许投标制度、区域间标杆竞争、竞价上限管制等方式实现激励性

---

① 李雯. 西方规制理论评述 [J]. 南开经济研究, 2002 (3)：59-63.
② 李雯. 西方规制理论评述 [J]. 南开经济研究, 2002 (3)：59-63.
③ 徐国冲. 潜在利益集团的规制理论：演进与重构 [J]. 上海行政学院学报, 2012, 13 (2)：41-48.

管制。①

（4）管制框架下的竞争理论。该理论是以检验管制政策效果为目的产生的，主要内容包括特许经营权竞标、标尺竞争理论、直接竞争等。这一理论起因于人们对传统管制信念的质疑，力求回答政府干预是否有效。②

下文分析工会在劳动雇佣管制中的作用时，主要以利益集团管制理论为基础。选择该理论的原因在于工会本身角色属性的特殊性。在共建"一带一路"主要经济体中，各国国内的工会组织均以某一地区或产业的工人代表团体的身份出现，一直保持着鲜明的群体利益代表特征；部分国家甚至允许跨州、联邦主体（省）的工会联合会与地方工会组织并存，以此体现对工人整体利益的尊重。因此，利益集团管制理论能够更清晰地体现工人整体利益与政府、资本利益的互动过程，有利于更准确地把握工会作为工人整体利益代表组织的角色与作用。

二、劳动雇佣管制

劳动雇佣管制是政府在保护劳动者权益的过程中逐渐形成并完善的一系列劳动领域法律法规、政策规范、行动准则等的概括。在资本主义生产关系下，劳动雇佣管制是处理雇主和雇佣工人之间关系的制度，它明确了"（工人的）劳动具有雇佣劳动的形式"。③具体地，劳动雇佣管制是依据国家法律法规及行政规章对劳资双方（雇佣双方）的行为进行规范性约束的过程，这一过程涉及政府、职能部门、劳资双方（雇佣双方）及其代表机构（组织）、NGO等各方角色（各

---

① 曹永栋，陆跃祥. 西方激励性规制理论研究综述［J］. 中国流通经济，2010，24（1）：33-36.
② 李雯. 西方规制理论评述［J］. 南开经济研究，2002（3）：59-63.
③ 马克思，恩格斯. 马克思恩格斯全集：第23卷［M］. 中共中央马克思恩格斯列宁斯大林著作编译局，译. 北京：人民出版社，2006.

方角色在劳动雇佣法律法规框架下如何行动、协调与博弈还需进一步分析）。在此基础上，各国适用于不同角色、不同内容的差异化管制内容共同构成了劳动雇佣管制体系。

劳动雇佣管制体系可分为目标体系和路径体系两部分。劳动雇佣管制目标体系主要包括工作场所管制目标和社会公共管制目标。前者包含就业保障、工资工时、工作场所安全、劳动条件改善、工作规则、双方行为约束、平衡雇佣关系等方面的内容，后者涉及社会保护、社会分配、社会流动、社会规则、政治规则、社会正义以及制度改良等方面的内容。劳动雇佣管制路径体系主要是指工作场所管制路径、政治管制路径和社会管制路径三方面的内容。其中，工作场所管制路径涉及工会组织（规模、结构）、集体谈判、集体行动、决策参与、体制外行动及其他表达路径，政治管制路径涉及政治参与、社区联合、NGO联合等，社会管制路径则只涉及社区联合与NGO联合。

三、影响劳动雇佣管制的因素

西方管制理论认为，现代社会中的政权角色、（商品）市场、社会关系、治理网络等因素均会对政府的管制行为产生影响。[①]影响利益集团管制政策的主要因素可以通过利益集团的利益表达、集体行动和行动博弈三方面内容进行分析。其中，政治利益是利益表达的重要内容。[②]同时，考虑到工会作为特殊利益集团的代表角色，工会会员表现出了利益诉求多元化及利益结构复杂化的特征。[③]特别是工会会员的经济利益诉求差异，时刻影响着工会对管制政策的态度与反应。

---

① 张佳华，鞠成伟. 新自由主义市场规制理论及其批判 [J]. 国外理论动态，2018 (8)：34-43.
② 徐国冲. 潜在利益集团的规制理论：演进与重构 [J]. 上海行政学院学报，2012，13 (2)：41-48.
③ 吴清军，许晓军. 劳资群体性事件与工会利益均衡及表达机制的建立 [J]. 当代世界与社会主义，2010 (5)：154-158.

因此，在分析影响利益集团管制政策的因素时，可以从政治、经济、社会三个角度来考虑。其中，政治因素包括政府角色、政党政治、政策传统、全球化管制策略等，经济因素包含经济体制、经济社会发展阶段、产业结构、劳动力队伍结构等，社会因素涉及社会组织、历史文化传统、民族主义、舆论导向等。

首先，在政治因素中，最为重要的是政府角色，它决定了劳动雇佣管制政策的形成过程与执行效果。20世纪90年代的简化管制理论对政府的管制行为影响颇深，该理论主张弱化管制、简化政策，并逐渐被美、英、日、韩等国家所采纳，一般政策领域的政府角色逐渐弱化。①在劳动雇佣管制领域，从欧洲各国的劳工立法实践来看，欧盟各成员国政府自2000年《关于设立欧洲宪法的条约草案》成文至今，一直在强化政府在就业、劳资关系、社会保障、社会保护以及歧视等方面的作用，各成员国政府都在制定相应的社会政策时保护劳动者权益。②其条约中有关欧盟支持各成员国政府制定相应的社会政策的规定集中于第三章第Ⅲ-102条至第Ⅲ-112条：

（ⅰ）改善对劳动者健康与安全的保护，特别是工作环境；

（ⅱ）工作条件；

（ⅲ）劳动者的社会保障与社会保护；

（ⅳ）对劳动合同终止的劳动者的保护；

（ⅴ）劳动者获得企业信息和咨询服务的权利；

（ⅵ）劳动者和雇员利益的代表、保护，以及共同决策（但不包括薪酬、集会权、罢工权和闭厂权等领域）；

（ⅶ）在欧洲联盟领域内合法居住的第三国国民就业的条件；

① 王健，王红梅. 中国特色政府规制理论新探 [J]. 中国行政管理，2009（3）：36-40.
② 布兰潘. 欧洲劳动法：第1册 [M]. 付欣，张蕊楠，高一波，等译. 北京：商务印书馆，2016.

（viii）被劳动力市场排除在外的人员重新回归社会；

（ix）劳动力市场中男女就业机会和工作待遇平等；

（x）反对社会排外；

（xi）社会保障体系的现代化。

从上述内容可以看出，政府角色的强化体现在劳动力市场的各个方面，主要通过对秩序的构建来纠正劳动力市场失灵，规范劳资双方及其代表组织的行为。

其次，在经济因素中，经济体制居于主导地位。从欧盟各国的实践经验来看，在成熟的市场经济条件下，虽然各国的劳动力市场政策不尽相同，但在政策实施主体的选择方面有共同特征，即依靠市场的调节作用（市场主体）落实劳动力市场政策，如促进就业、培训、社会保障、反对歧视等。例如，比利时政府将社会合作伙伴这一角色引入其就业培训体系中，并依靠这一角色配置培训资源，在制定国家层面的培训政策时，着重考虑社会合作伙伴的信息反馈。①德国在制定其"双元制"培训政策时，也将企业作为政策落实的重要一环，并确立了企业培训在劳动力市场培训体系中的优先权；同时，在职业安全方面，德国联邦政府和各州政府依托成熟的保险机构，在各层次健康保护方面实施可持续的长期预防政策。②

最后，在社会因素中，社会组织对劳动雇佣管制的影响不可忽视，其作用不仅局限于劳动雇佣管制层面，在特定情况下也会与政府或政权结构联系在一起。例如，1993年，中国工会第十二次全国代表大会修订的《中国工会章程》在界定工会地位时，新增了"国家政

---

① 特征最为明显的是佛兰德地区的 VBAD、公众社会福利中心（OCMW）及本地职业介绍组织（PWA）等，内容详见 http://www.oecd.org/belgium/boosting-skills-for-greener-jobs-in-flanders-belgium-9789264265264-en.html。

② 德国劳动力市场的职业安全保障由国家职业安全会议（NAK）统筹协调，保险机构作为三方代表之一参与其中，其他社会合作伙伴组织最多可以有3名代表以顾问身份参加。内容详见 https://www.bmas.de/DE/Themen/Arbeitsschutz/Arbeitsschutzstrategie/arbeitsschutzstrategie.html。

权的重要社会支柱"，并一直保持至今。①

中国工会是中国共产党领导的职工自愿结合的工人阶级群众组织，是党联系职工群众的桥梁和纽带，是国家政权的重要社会支柱，是会员和职工利益的代表。

这一表述明确了工会在政治结构中的地位，同时也将工会与政府、政权紧密联系在一起，而工会对政府、政权的影响也不仅局限于劳动雇佣管制政策方面。

第二节 工会与政府的关系

在这一节，我们在上述理论基础上，试图提出一个分析工会与政府关系的研究框架，并按照研究框架来分析工会在管制中的角色。

一、研究分析框架

在劳动雇佣管制中，工会与政府的关系往往决定着工会作用的发挥。在以往的自由主义模式下，工人的利益代表渠道众多，使得工会虽然可以充分代表某一地区或产业的工人利益，但难以将其代表性整合进政府的公共决策过程中。因此，工人倾向于通过罢工、游行或示威等团体行动表达、实现利益诉求。这不仅增加了工会参与政府公共决策的难度，也割裂了工人与其他社会主体的关系，并造成了不同工人群体之间的利益竞争。例如，2015 年以来，美国全美汽车工人联合会（UAW）虽然能够在与资方的利益博弈过程中组织起声势浩大的罢工与游行，为其所代表的部分汽车制造工人争取利益，但始终无法得到当时奥巴马政府的充分支持，最终造成了其在南方大多数州的

---

① 中华全国总工会组织部. 中国工会章程简史 [M]. 北京：中国工人出版社，2018.

被动局面。不仅南方这些州的政府不支持UAW的发展，部分工人也对参加UAW毫无兴趣，甚至出现了密西西比州尼桑工厂的工人集体拒绝加入UAW的情况。

社会统合主义模式下的劳、资、政关系如图3-1所示。

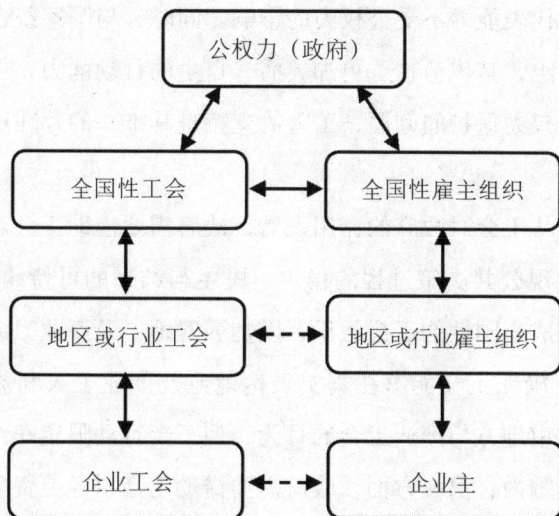

图3-1 社会统合主义模式下的劳、资、政关系

资料来源：黄越钦. 劳动法新论［M］. 北京：中国政法大学出版社，2003.

如何确保工会与政府的有效合作，从而将工会所代表的利益融入公共决策的过程？这是工会在管制中发挥作用的重要条件。统合主义模式将劳、资、政三方纳入同一个关系框架内，劳资双方都有在国家层面较为统一的代表组织与利益表达渠道，双方的利益博弈过程（包括影响社会公众利益的具体行为）受公权力约束。[①]根据公权力约束效力的差异，统合主义可以分为社会统合主义与国家统合主义两种类型。为了更准确地体现共建"一带一路"国家工会与政府的关系，同时考虑到不同国家政治体制与公共决策过程的差异，本部分我们选择

---

① 黄越钦. 劳动法新论［M］. 北京：中国政法大学出版社，2003.

社会统合主义模式下工会与政府的关系作为分析框架。工会与政府的
关系细节包括：

首先，从工会的代表性来看，在社会统合主义模式下，工会的社
会角色与作用是由其自身的代表能力与行动能力决定的，其对工人的
代表范围、代表能力不受公权力的影响。同时，与国家统合主义模式
下的工会相比，其优势在于更加灵活、自主的行动能力，但存在代表
渠道不受公权力保护的问题，工人的支持是其唯一的存在理由与发展
动力。

其次，从工会对政府的作用来看，政府需要借助工会获得工人的
支持，以实现公共决策过程的稳定、民主与结果的可持续。一方面，
政府希望形成全国性的工会组织，以加强对地方及产业工会的组织与
代表能力，确保工会能够在真实表达地方及产业工人利益诉求的同
时，有效约束地方与产业工会的行为，使工会行动限定在维护工人合
法利益的范围内；另一方面，政府需要借助工会引导劳资争议的发展
方向，将争议内容与影响控制在工作场所内部，避免矛盾扩大化，以
维持劳动力市场的稳定与可持续。

最后，在政府对工会的支持方面，工会需要政府公权力的支持，
当工会行动能力不足时，政府应给予工人利益保护方面的政策倾斜。
具体表现为：一是政府保障工会组织本身的法律地位，但不能干涉地
方与产业工会、企业工会的组织形式、隶属关系与代表渠道。二是政
府允许工会参与并推动劳动立法，提供以法律形式维护工人利益的机
会与渠道。三是政府支持工会对劳动合同（契约）、劳动条件的执行
情况进行监督，并为相关问题的解决提供公权力支持。四是政府平衡
劳资双方的力量，在工会需要时，以公权力影响劳资博弈过程。2019
年全美汽车工人联合会与通用公司的斗争表明，工会在博弈过程中并
非始终处于劣势，在特殊情况下，需要得到外部支持的角色也并非工

会一家，政府要做的是避免零和博弈的情况出现。

二、工会在管制中的角色

工会在劳动雇佣管制中有四个角色，分别是政府治理的参与者、工人利益的维护者、企业管理的合作者以及社会组织的竞争者。

（一）政府治理的参与者

参与者的角色是国内外工会所共有的。在国内，参与者的角色体现在各级行政工会（主要是市级以上）参与职能的实现上；在国外，特别是在欧美国家，参与者的角色体现在工会对政党政治的参与上。国内外工会的共同角色特征是它们都会影响政府的劳动雇佣相关政策选择，其差异则表现在影响程度方面。

从工会参与政府治理的国际经验来看，参与程度最高、影响最大的是北欧国家。社会民主党执政的政府与工会的密切联系形成了基于公民参与制的"民众–工会–社会民主党"的社会利益共同体，最直观的表现是丹麦、瑞典的工会密度自20世纪80年代起达到80%以上（芬兰与挪威的工会密度也达到了78%，而同一时期欧洲主要国家的工会密度为：法国10%、德国23%、英国29%），且工会通过对政党政治的直接参与，在劳动环境、就业保障、休假、培训、劳动争议、收入分配、职工参与管理等方面形成了有利于劳动者的政策内容。①这在保障劳工权利的同时，也为巩固工会的地位与发挥工会的作用提供了政策与法律保障。此外，北欧各国历届政府的许多官员都曾参与工人运动，有的总工会主席就是社会民主党要员，且有80%左右的

---

① 闻效仪在其《瑞典战略工联主义：工会与社会民主党的伙伴关系》（《中国劳动关系学院学报》2010年第2期）一文中也得出了类似的结论。他通过对瑞典工会与社会民主党的关系的梳理，认为瑞典1976年颁布并应用至今的《共决权法案》赋予了工会实质性权力，这一权力可以渗透到具体的企业管理层面，甚至是兴办失业保险的权力。

雇员都参加了政治上倾向于社会民主党的总工会。①

（二）工人利益的维护者

维权是工会最基本的本职工作。仅从维权的内容考虑，国内外工会通过民主管理、集体协商体现的维护工人利益职能和罢工、谈判行动所体现的对工人利益的维护作用是相通的。在不同的政治结构与政策环境下，差异主要集中于维护利益的形式。在共建"一带一路"主要经济体中，目前很多国家采取了社会合作形式。摒弃对立、谋求合作成为国际劳动关系发展的趋势。以俄罗斯工会为例，《俄罗斯联邦工会活动保障法案》在界定工会的基本权利时，明确指出，"工会、工会联合会（协会）、基层工会组织及其机构代表保护工会成员在个人劳动和劳动关系问题上的权利和利益。在集体权利和利益方面，无论工会会员是谁，都有权利和适当程序由所属工会代表其权利"，②这些规定强调了工会对会员在劳动方面权利（包括集体权利）的代表和保护。

在选择维权路径时，俄罗斯工会选择了与西方主要资本主义国家一致的方式，在宏观层面选择了社会合作伙伴形式，在具体操作层面选择了协商与冲突相配合的方式，即在明确"工会与雇主、雇主协会、公共当局和地方政府的关系是建立在社会伙伴的基础上的。劳动关系的各当事方及其代表通过集体协议和集体协议制度进行合作"的同时，也承认"工会有权参与集体劳资纠纷的解决，有权组织和举行罢工、集会、工会代表大会"，并认为"这是以游行、示威、纠察和其他集体行动为手段，保护工人的社会劳动权利和利益"。

---

① 朱斌. 北欧社会模式与工会的地位和作用 [J]. 当代世界与社会主义，2008（2）：41-45.
② 《俄罗斯工会权利与活动保障法案》相当于《中华人民共和国工会法》，具体法律规定详见 http://graph.garant.ru：8080/SESSION/PILOT/main.htm.

（三）企业管理的合作者

企业追求经济效益，而工人希望获得更多的劳动报酬，在市场经济的生产体系中，二者在实践中并不冲突。工会所需要做的事情就是推动劳资双方对等承诺、对等实现的过程顺利完成。在这一过程中出现的协商谈判甚至是罢工行动都应当理解为是实现对等承诺内容的手段，而非最终目的。国内外与工会有关的立法均涉及工会代表劳动者与企业行政合作，进行集体谈判与民主管理。集体协商（谈判）是工会参与企业管理的重要内容之一，尽管工会参与企业管理的方式在实践中存在较大差异，但这一代表摒弃对立与谋求合作的发展趋势为各国所承认。

在共建"一带一路"国家中，俄罗斯、意大利政府对有工会参与的合作机制较为重视，鼓励企业行政与工会在日常管理、薪酬福利以及企业决策等方面开展合作。《俄罗斯联邦劳动法典》对工会进行的劳动领域的合作规定得更为翔实，以社会合作的形式将联邦（俄罗斯联邦整体）、区域间（两个及以上联邦主体）、地区（单一联邦主体）、部门（一个或多个部门内）、自治地方（自治地方组织）和企业（企业内部）内部共六个层级囊括在内。其中，该法案第23条明确了劳动领域社会合作的概念，即"劳动领域的社会合作（以下简称社会合作）是指员工（员工代表[1]）、雇主（雇主代表）、国家机关、地方自治机关之间的相互关系体系，目的在于就劳动关系和与其直接有关的其他关系的调整问题，为协调员工和雇主的利益提供保障"。[2]

俄罗斯社会劳动关系三方协调委员会是法定社会合作机构，其成员为全俄工会联合会、全俄雇主联合会和俄罗斯联邦政府代表，遵循"双方地位平等""尊重和考虑双方利益""促进国家巩固和发展民主

---

[1] 俄罗斯社会合作中的员工代表为工会和工会联合会、全俄工会和地区间工会章程规定的其他工会组织在《俄罗斯联邦劳动法典》规定情况下经由员工选举的其他代表。

[2] 蒋璐宇. 俄罗斯联邦劳动法典 [M]. 北京：北京大学出版社，2009.

基础上的社会合作"等原则，并允许员工及其代表参加部门管理。意大利工会长期以来将集体协商视为在企业内部管理劳动关系、提升工人地位的首要方式。受到国外共同决策的经验和欧盟对公司法改革的启发，它们在企业内部开展了与企业管理层的合作，设立了用于共同决定工作条件的双边机构，集体协商的范围已经得到扩展并更具合作性。[①]

（四）社会组织的竞争者

从统合主义角度考虑，工会是代表劳动者利益的社会团体组织。在政治活动中，当工会承认政府的领导角色或地位时，工会就可以获得政府对其代表渠道的保证，以确保工会的代表性与话语权。在分析政府与利益团体之间的关系时，我们可以借助统合主义理论。在统合主义模式下，自由竞争会导致利益团体之间权力的差异。当规模庞大、实力雄厚的利益团体获得了垄断性的代表渠道与代表地位时，必然会给其他弱势团体造成竞争压力，从而引发利益团体之间的冲突。当利益团体之间发生冲突时，弱势团体代表的声音和弱势团体的利益就无法融入社会政策当中，从而将一部分社会群体的利益排除在社会整合利益之外。为了防止利益团体之间的恶性竞争，就需要依靠政府来构建制度化的保护体系，以此来整合和协调利益团体之间的关系。在劳动关系领域，国家要协调工会和其他劳工组织之间的关系，在劳工政策的制定过程中，吸纳不同社会团体的专业化知识，同时听取它们的利益诉求，最终使得劳动政策得到最广泛的社会支持。[②]由此可见，政府如何协调和平衡工会与其他劳工组织之间的竞争就显得尤为重要。

同时，竞争者角色在程度上也有区别。根据利益整合秩序主导力

---

① 特雷乌. 意大利劳动法与劳资关系［M］. 刘艺工, 刘吉明, 译. 北京：商务印书馆，2012.
② 张静. 法团主义［M］. 北京：中国社会科学出版社，2005.

量的不同，统合主义可以分为社会统合主义和国家统合主义。从国内外工会与其他同类型利益团体关系发展的实践经验来看，成熟的市场经济国家得益于良好的制度化利益整合秩序，其社会利益团体的自由度很高，与工会同类型的利益团体数量众多且相互之间有序竞争。[①]在共建"一带一路"签约国家中，这一特征最为明显的是奥地利。而在市场经济发展仍不成熟的国家，由于市场中缺乏基于合理利益分配的利益整合秩序，秩序的构建需要政府力量介入，因此就出现了政府对工会等利益团体在代表渠道、代表地位方面的限定，表现出竞争性较低、代表机构唯一、代表渠道单一、层级分明、数量有限的特征。这虽然限制了工会与其他同类型利益团体的竞争并不利于劳动者利益诉求的直接与充分表达，但形成了由政府主导的利益整合秩序，也维护了劳动力市场的稳定。在共建"一带一路"签约国家中，拉美地区的国家统合主义模式发展得更为成熟。

第三节　工会对管制的作用与影响

工会的作用如何发挥取决于其面对不同对象时所扮演的角色。当工会面对政府时，工会的作用体现在与政府在政策制定与实施方面的关系上，其目标是实现自身代表性与政府决策的有效结合。当工会面对工人时，工会的作用表现在两个方面：一是其代表性，二是对工人行动的有效制约。当工会面对企业时，工会的作用表现为与企业及其他组织的博弈，且合作也是博弈的选择之一。当工会面对其他劳工利益团体时，工会要在保证自身代表性的前提下，尽可能借助其他劳工利益团体的力量来维护劳动者的利益。

[①]　张静. 法团主义 [M]. 北京：中国社会科学出版社，2005.

一、工会在管制中的作用

工会在管制中的作用可以概括为：第一，团结工人队伍，维护工人权利；第二，推进劳动立法，解决劳资争议；第三，引导工人行动，协调劳资利益关系。

（一）团结工人队伍，维护工人权利

工人组建工会，以团体形式争取或保障自身权利，在各国均受到相关法律的保护。[①] 从这一角度考虑，工会的作用首先是实现同一地区或产业工人（及其利益）的组织化，即实现劳动者的团结权，通过工人团结来取得与资方及其代表组织相匹配的法律与社会地位；之后再借助组织化的团体利益和与资方平等的法律、社会地位，推进团体协商及其他集体行动，最终保障工人的生存权、劳动权与财产权。

在团结工人队伍、维护工人权利的具体内容中，工会对工人劳动权与财产权的保障是构筑工人生存权的基础。[②]

首先，维护工人的劳动权，主要是确保工人能够在获得工作机会的同时，享有相应的劳动条件。获得工作机会是与国家促进就业义务相对应的权利内容，涉及就业前的工作机会获取和就业后的技能提升与职业发展。由于仅由工人个体无法实现与国家政策的互动，因此需要工会以团体形式表达工人的诉求。享有相应的劳动条件对应的是劳动者在工作场所、工作环境方面的利益诉求，不仅包括工资、工时、工作条件等传统利益诉求，还涉及劳动安全、劳动保护、卫生条件以及心理健康等方面的诉求。

其次，保障劳动者的财产权，本质上是确保工人在面对其他社会主体时在经济上具有平等地位，除了帮助工人实现对其自身收入的完

---

① 黄越钦. 劳动法新论 [M]. 北京：中国政法大学出版社，2003.
② 黄越钦. 劳动法新论 [M]. 北京：中国政法大学出版社，2003.

全处理能力外，还包括对工人所在企业经营过程的参与。

工会对劳动者生存权的保障不仅涉及工人维持家庭生计、养育和教育子女、获得社会保障等经济层面的内容，还包括以团体行动的形式来提升工人群体的社会影响力。工会通过强调经济平等地位，维持与提高工人队伍的社会地位；通过参与政府治理，体现工人阶级的政治地位，最终实现劳动者体面地生存与发展。

（二）推进劳动立法，解决劳资争议

工会作为工人利益的代表组织，将自身专业性知识与利益诉求融入公共决策的最高形式，就是对劳动立法的参与和推动。这实质上是将劳资双方的个体（或团体）契约以法律形式固定下来，将资方在原有契约中对工人的私人关系义务转变为劳动法规中对国家的公法义务。工会参与、推动的劳动立法重点在于保障劳动过程中的最低基准，并以此作为劳资双方协商的基础性内容。

由契约向公法转变的过程，即劳动契约的社会化过程，需要工会发挥利益集团本身固有的行动能力，以达到消除来自经济、政治层面不利影响的目的。工会之所以要参与劳动立法过程，是因为以下两点：一是商业资本集团（集团公司、财团、跨国资本等）的影响力日益扩大，并已经开始影响国家的立法进程。在这一背景下，实现劳资双方相对平等的经济、社会地位愈发困难，需要工会努力发挥对工人利益的组织与传递能力，并在处理与政府关系、畅通利益表达渠道、争取社会舆论支持等方面发挥作用。二是现代公共决策的复杂性，这一点决定了劳动契约社会化过程将会面对来自公权力内部不同利益团体的影响。无论是自由主义模式下的工人组织，还是统合主义模式下的工会，都面临这一问题。相比较而言，统合主义模式下的工会基于其组织性质方面的优势，与决策过程的距离更近，也具有更大的话语权，有利于实现与公权力内部不同利益团体的协调，最终实现对劳动立法过程的推动。

在较为完善的劳动法律基础上，工会解决劳资争议的作用主要通过程序化、固定性、强制性的劳动法律来实现，其主要内容涉及监督合同履行、保障劳动安全、提高劳动条件并阻止劳资双方采取不当劳动行为。此外，欧洲地区的工会发展实践证明，即使在工会密度下降的背景下，工会依然可以在就业服务、职业培训和劳动监督等方面发挥积极作用。

（三）引导工人行动，协调利益关系

工人是为数众多的社会主体之一，工会是众多社会组织之一，而劳动雇佣管制只是纷繁复杂的政府管制的一部分。因此，工会在将工人组织起来后，需要妥善处理与其他利益团体的关系，引导工人行动向着与其他社会主体行动相协调的方向发展。从这一角度考虑，工会在劳动雇佣管制中担任的是社会监护人的角色，需要基于与其他组织（政府、企业、社会组织等）缔结心理契约或行动规则来对自身所代表群体的行为负责。[①]

在劳动雇佣管制中，工会所代表的工人利益不仅与资方利益相关，也与政府代表的社会公众利益有密切联系。一方面，在与资方利益的关系中，劳资双方的行为均受劳动法律的管制，双方的劳动合同或契约都有较为固定的内容与相应的约束条款或责任条款，工会的作用在于保证合同或契约顺利缔结，并监督约束条款或责任要求的履行。另一方面，工人利益与社会公众利益的关系实质上是并存且互为补充的。首先，并存是指工人作为社会公众的一部分，其利益诉求并不因社会公众利益的存在和影响而消失，工会承担着维护工人利益的作用。其次，二者互为补充关系，说明社会公众利益与工会利益之间是统一的，即社会公众利益的提升有利于工人利益的维护与保障，而

[①] 黄越钦. 劳动法新论 [M]. 北京：中国政法大学出版社，2003.

当社会公众利益受损时，工人利益也难以得到持续性提升。工会作为工人利益的代表组织，以维护工人利益为出发点的行动势必要考虑对社会公众利益的影响，所以工会发挥作用的关键点就在于寻找社会公众利益与工人利益的契合点。

二、工会与管制的发展趋势

为了更好地阐述不同国家工会在劳动雇佣管制中发挥作用的未来趋势，本部分将从国际和国内两个角度进行阐述。

（一）工会对公共决策的影响力将进一步提高

从巴德的系统论出发，工会的主要作用在于实现效率、公平与话语权的平衡，这也是劳资关系平衡的主要内容。[①]在面对政府时，工会的角色定位将考虑双方的力量如何实现平衡，同时需要将这种平衡带入公共决策过程之中。工会参与并影响公共决策，这不仅是工会参与作用（职能）的体现，同时也是工会在具体政策落实时发挥自身作用的基础。

在国际实践方面，工会组织积极参与政府治理的案例主要集中于欧洲国家。工会参与政府治理主要体现在工会积极参与制定和实现福利社会的社会标准上。20世纪末，绝大部分欧洲国家都面临着与福利制度相悖的人口、社会、经济和政治变革。在这些国家中，一旦失业率高升，而工资税和社会保险费不断下降，就将最终影响福利国家模式的可持续性。荷兰政府在这一背景下提出了"就业岗位、就业岗位、更多的就业岗位"的口号，通过与工会组织和雇主协商，共同实施工资成本节制措施，同时减少雇主缴纳的社会保险费，以实现企业盈利能力和竞争能力的提升，并保障劳动参与率和就业增长的向好发

---

① 巴德. 劳动关系：寻求平衡 [M]. 于桂兰，于米，于楠，等译. 北京：机械工业出版社，2013.

展。①在共建"一带一路"签约国中，俄罗斯是工会参与政府治理较为充分的国家之一，其独立工联在俄罗斯社会标准制定与落实方面发挥了重要作用。结合《俄罗斯联邦劳动法典》和《俄罗斯联邦工会活动保障法案》中涉及工会合作领域的相关内容，工会在就业保障和失业救助、退休金保障、教育及职业培训、居民住房与日常生活保障、文化、社会保险与社会救助、公民社会权利等诸多领域均发挥着重要作用。②

相较于工会参与政府治理的国际经验，国内工会参与政府治理的模式和路径较为单一，主要表现为前文提到的工会参与和维护职能。在实现劳资平衡方面，国内工会以《中华人民共和国工会法》和《中国工会章程》为基础，通过集体协商形式保证工会与企业的地位平等，进而实现协商一致。集体协商对实现劳资平衡的作用不言而喻，至今仍是市场经济国家维持产业和平与稳定的主要途径，在平衡劳资关系、预防和化解劳资冲突方面起到了非常关键的作用。③

（二）工会将更加重视集体劳动关系政策的制定与实施

集体劳动关系是保证"劳工三权"的重要政策基础之一，在国际上，工会尽管面临着衰退危机，但是一直强调对集体劳动关系政策的高度参与，这一点也体现在我国工会的发展进程之中。在共建"一带一路"主要经济体中，俄罗斯目前存在以独立工联为代表的传统工会和以独立矿工工会为代表的工人直选工会，这两种力量都在组织工人开展集体行动，以此来积极参与集体劳动关系的政策制定。与之相类似，有学者认为，中国自2010年至今，有两种力量和两种路径：两

① 费舍，黑姆耶克. 荷兰的奇迹：荷兰的就业增加、福利改革、法团主义 [M]. 张文成，译. 重庆：重庆出版社，2008.
② 许艳丽. 转型期俄罗斯工会与社会领域的变化 [M]. 北京：社会科学文献出版社，2016.
③ 张建国. 集体谈判：预防和化解劳资冲突的必然选择 [J]. 理论动态，2010 (29)：1-13.

种力量分别是指中华全国总工会领导的体制内的工会运动与体制外自发形成的劳工运动，两种路径是指中华全国总工会领导的体制内自上而下的行政化工会活动与体制外自下而上以罢工为主要形式的集体行动。①共存代表了劳动关系集体化转型的复杂形势，也促使中国集体协商的覆盖范围不断扩展。

2010年至今，我国劳动者行动所体现的集体意识和集体行动能力都有了显著提高。在这一背景下，中华全国总工会将构建集体劳动关系视为其重要工作内容之一，在构建集体劳动关系框架、扩大工会组织影响、提升劳动者和企业的集体劳动关系意识及维护劳动者合法权益等方面发挥了积极作用。具体来说，中华全国总工会作为国内集体协商最重要的主导者和推动者，出于维护国家稳定的政治性考量与摆脱市场化困境的需要，通过推行集体合同制度将工会塑造成劳动法之外的第二道职工保护机制，力求在基层组织建设、职工代表大会建设和工会干部理论学习等方面提升工会组织自身建设水平。②

（三）工会将在利益博弈中变得更加成熟

以往的集体劳动争议一般是因为劳动者的合法权利被侵害所引起的权利争议，但是随着商业社会的发展以及劳动契约关系社会化，集体劳动争议更多地集中于收入水平、福利、公正待遇等利益层面。③④工会组织的作用从维护劳动者的合法权利，发展到维护劳动者多样化的利益，这一变化过程是与劳动者维权意识和集体行动的发展紧密联系在一起的。

在市场经济条件下的集体运动中，工会往往以经济利益为主要诉

---

① 常凯. 中国劳动关系集体化转型中的两种力量和两种路径 [J]. 二十一世纪，2016（4）：30-46.
② 吴清军. 中国劳动关系学40年（1978—2018）[M]. 北京：中国社会科学出版社，2018.
③ 吴清军，许晓军. 劳资群体性事件与工会利益均衡及表达机制的建立 [J]. 当代世界与社会主义，2010（5）：154-158.
④ 黄越钦. 劳动法新论 [M]. 北京：中国政法大学出版社，2003.

求，在工资、福利待遇等方面存在利益争议，表明劳动者在市场化的利益意识和团结意识方面有了更准确的认知，且形成了与之相对应的组织与行动能力。[①]要保障工会在代表工人与企业进行利益博弈过程中相关行为的合法性，除了工会立法外，还需要完备的劳动基准法律予以保障。保障普通劳动者的生存利益应成为国家法律执行过程的重点，需要建立起以保护弱者利益为目的的控权机制。[②]例如，国内涉及劳动标准相关内容的法律条款集中于《中华人民共和国劳动法》第四章至第七章，在具体操作层面则依靠《最低工资规定》《中华人民共和国职业病防治法》《中华人民共和国安全生产法》《女职工劳动保护特别规定》《禁止使用童工规定》等法规，还需要形成单独且详细的劳动基准法予以管制，并在其中强化工会在劳动标准执行方面的地位与作用。

第四节　工会作用面临的挑战

这部分主要分析当前工会作用所面临的挑战，这些挑战包括以下几方面：

一、实践路径的特殊性：突出国别情境

不同国家的政治、经济、社会发展背景决定了工会发展道路的差异化，因此，在考查工会作用的发挥时，工会所处的劳动关系运行环境是解释其角色定位、行为选择的重要内容，而国家之间劳动关系发展历史的差异与特定时期的国别情境密不可分。

从国际比较劳动关系的角度出发，在分析共建"一带一路"国家

---

① 常凯. 中国劳动关系集体化转型中的两种力量和两种路径 [J]. 二十一世纪，2016（4）：30-46.
② 董保华. 中国劳动基准法的目标选择 [J]. 法学，2007（1）：52-60.

工会组织在其国内劳动关系运行中的作用表现与特征时，需要将其工会置于经济社会发展的背景下，考查经济社会因素对工会行为方式的影响。例如，俄罗斯在20世纪90年代的经济体制转轨中，既没有形成具备"保障功能"的公民社会，也没有建立起法治国家与成熟的市场经济，但由于寡头的形成和资本的集中而出现了寡头资本主义，并不断对政府及其他管理部门施加影响。①

在这一背景下，寡头对经济、政治的影响削弱了劳工组织对工业部门的控制和相应的政治影响力。同时，由于苏联工会全国总联合会（以下简称苏工联）在这一时期（1990年苏工联十九大之后）逐渐演变成了主张多元化且仅代表部分劳动者的利益集团，其代表性大打折扣②，为了更好地代表和维护俄罗斯境内劳动者及会员的社会和经济利益，也为了消除苏工联在俄罗斯境内的不利影响，俄罗斯独立工联于1990年成立并逐渐扩大自身的影响，形成了独立于俄罗斯联邦政府之外，但深度参与俄罗斯国家杜马各项工作的独特模式，以此提升自身的政治影响力，甚至能够促使俄罗斯国家杜马将"社会国家"的概念写入俄罗斯宪法。③

中国的劳动关系属于国家主导的市场经济条件下的劳动关系。与西方成熟市场经济国家采取的自下而上、市场主导、社会推动的劳动关系发展模式不同的是，中国的劳动关系采取了自上而下、政府主导、政府推动的模式，这是由国家主导的市场经济体制改革所决定的，是针对劳资双方在市场经济中发育不成熟的必然政策选择。④因此，中国工会表现出其他西方国家工会所没有的行政化管理特点，其

① 胡键. 俄罗斯经济转型：从寡头资本主义到人民资本主义 [J]. 东北亚论坛，2005（4）：65-69.
② 姜列青. 苏联工会演变概述 [J]. 国际共运史研究，1992（2）：13-18.
③ 姜列青. 俄罗斯工会的演变及其在新时期的探索 [J]. 当代世界与社会主义，2003（3）：96-98.
④ 常凯. 中国特色劳动关系的阶段、特点和趋势——基于国际比较劳动关系研究的视野 [J]. 武汉大学学报（哲学社会科学版），2017（5）：21-29.

行政权力来源于国家政权，并通过完备且严密的科层体制延伸到乡镇一级。同时，从管制理论的角度看，基层工会并未获得源自地方工会的行政权力，却在基层工会主席选举、集体协商、集体行动等方面受到了地方工会的严格限制。虽然存在地方工会受制于地方党政对经济发展、社会稳定的考虑而难以对基层工会真正赋权的因素，但最终造成了被国内外学者广泛讨论的中国工会的代表性问题。此外，进入21世纪以来，部分外国势力以劳工问题为突破口渗透到中国民间的"维权运动"中，也造成了中国工会组织与其他国家工会的另一作用差异，即维持政治秩序的稳定。①

二、用工变化的挑战性：跨越用工性质

近年来，数字经济、零工经济等新经济业态的出现促使就业形式出现了新的变化，冲击了工会传统的建会形式与组织基础。国内外工会在这一背景下为提高其代表性所做的努力体现了其工作方式方法在面对外部环境变化时的适应能力。要分析工会在新就业形式中的作用和特征，就要首先了解数字经济、零工经济的用工或就业形式，在此基础上，寻找工会的作用空间以及与以往工作在内容、方法上的差异化特征。

对于新的就业形式到底是劳动关系、雇佣关系还是合作关系，这一问题仍为国内外学者广泛争论。进一步地，工会在这些新的用工形式中能够发挥何种作用至今研究较少。国内学者争论较多的是新就业形式的用工性质。有学者认为，新的用工形式并没有改变雇佣关系的性质，但也有学者认为，互联网经济的用工形式已经不是雇佣关系，

---

① 乔健. 在国家、企业和劳工之间：工会在市场经济转型中的多重角色——对1811名企业工会主席的问卷调查 [J]. 当代世界与社会主义，2008（2）：144-154.

而是合作关系了。①无论是雇佣关系还是合作关系，都不能改变新就业形式下的劳动者利益同样需要得到保障与维护的事实。要在新就业形式下保障劳动者的利益，美国劳工部的实践对我们具有一定的借鉴意义。其新的工作纲领明确禁止对劳动者的错误分类，并确保同时为两家公司工作的劳动者的利益得到保障。②这实质上是跨过了对用工性质的界定，直接明确新就业形式下的从业人员作为劳动者本身应当享有的利益。而跨过对用工性质的界定，并不意味着将劳动者分类置于灰色地带。从美国的立法实践来看，在遵循社会契约、效率、创新和创业、避免监管套利以及横向平等的情况下，可以针对新就业形式（和类似）下的劳动者定制一套修改后的企业福利保护措施或建立（扩张）公共福利体系，为所有独立从业者和类似主体提供福利，以保障劳动者的利益。③

在跨越用工性质的障碍后，需要明确的是新就业形式下的劳动者有哪些利益容易受到损害。从不同类型的劳动者角度考虑，零工经济中的高技能劳动者和低技能兼职劳动者的工作灵活性和收入有所提高，但低技能全职零工劳动者的工作稳定性与灵活性受到了负面影响，且全部零工经济中的劳动者都面临社会保障机制缺失的问题。④在这一背景下，工会组织可以采取产业工会或地区工会的形式，将数字经济、零工经济中的劳动者纳入其组织基础中，并从收入抽成、社会保险、职业福利等利益分配角度，同产业、地区内的企业及其代表组织进行集体协商，在夯实工会组织基础的同时，也充分利用现有的工作资源。

① 常凯，郑小静. 雇佣关系还是合作关系？——互联网经济中用工关系性质辨析[J]. 中国人民大学学报，2019（2）：78-88.
② 郑祁，杨伟国. 零工经济的研究视角——基于西方经典文献的述评[J]. 中国人力资源开发，2019（1）：129-137.
③ 哈瑞斯. 美国"零工经济"中的从业者、保障和福利[J]. 汪雨蕙，译. 环球法律评论，2018（4）：7-37.
④ 谢富胜，吴越. 零工经济是一种劳资双赢的新型用工关系吗[J]. 经济学家，2019（6）：5-14.

三、未来发展的阶段性：有序多元发展

有序是指当工会面对劳动关系集体化转型时所采取措施的稳定性，即围绕集体劳动关系在组织建会、集体协商、争议处理等方面的稳步发展。其中，集体性决定了工会不可能采取任何超越现实情境的过激行为。多元体现在劳动者市场化劳工意识的发展、劳动者利益诉求的多样性以及新就业形式的出现，要求工会改变传统的工作方式方法，在行为选择、代表渠道等方面采取多样性、差异化的措施。

有序与多元的结合主要体现在以下四个方面：一是在基层工会及其毛细组织（车间、班组等）中，需要多元化的竞争以保持基层工会的代表性，对劳动者结社权的承认有利于鼓励劳工社会组织与基层工会的竞争。二是在劳动者的参与意愿下降时，需要扩展制度性参与渠道以避免工会组织基础受到影响，但必须确保政府管制对渠道扩展过程的有效管理与监督。三是除政府管制外，包括工会在内的劳动者利益团体都有接受外部社会监督和进行内部自我约束的责任。四是与国内社会主要矛盾的变化相结合，利益分配的不平衡、不充分也包括劳动者的利益，在工会代表渠道固定但劳动者利益不平衡的情况下，在形成一致性约束规则的同时，还要兼顾劳动者个体偏好与公共利益的平衡。

第四章

工会对境外投资的影响

"一带一路"倡议融入全球化发展，顺应了经济全球化的发展大趋势。经济全球化的主要表现是各个国家和地区的经济主体在全球范围内开展贸易、金融、投资、生产等活动，其本质为资本的全球化，主要的实现形式为跨国公司。跨国公司通过国际贸易、资本投资等方式，在全球范围内合理配置资源和生产要素，从而实现企业利润最大化的经营目标。①跨国公司在新进入一个国家或地区开展业务前，会综合考量当地的各种因素，分析可能存在的机会和威胁。当跨国企业考虑是否在一个国家或地区投资时，它首先会考量那些影响其业务发展的自然环境因素、经济因素、政治因素等宏观环境因素，如当地的地理位置、自然资源、政治、经济发展、法律政策等。宏观、微观环境是密不可分的，因此，跨国公司会在考量宏观环境的基础上评估行动主体，如当地政府、工会、消费者、竞争者等相关组织和部门的活动，因为这些活动会直接影响跨国公司在该国或地区的盈利能力。②

工会是跨国公司进行投资时需要着重考量的因素，因为各经济体和社会之间存在高度关联性，并且这种关联影响着劳工运动的行为及结果。③工会是劳动者组织性力量的体现，它会影响劳动者在劳动力市场和工作场所的谈判力量，从而影响企业的投资选择。因此，本章着重研究工会对境外投资的影响。

第一节 研究问题

我国正在加大对"一带一路"国家的投资，并且成效显著，投资规模占中国企业对外投资的比重不断上升。2020年上半年，我国企

---

① 盖尔特曼. 跨国公司 [M]. 肖云上，译. 北京：商务印书馆，1998.
② 科特勒，凯勒. 营销管理 [M]. 王永贵，于洪彦，何佳讯，等译. 13版. 上海：格致出版社，2009.
③ 西弗尔. 劳工的力量：1870年以来的工人运动与全球化 [M]. 张璐，译. 北京：社会科学文献出版社，2012.

业对共建"一带一路"国家非金融类直接投资81.2亿美元，同比增长19.4%。其中，对东盟国家投资62.3亿美元，同比增长53.1%。①《中国企业全球化报告（2020）》指出，中国企业对外投资存量全球占比不断提升，企业海外并购行业结构更加多元化，制造业、信息传输、计算机服务和软件业等行业对外投资表现亮眼。虽然我国企业在共建"一带一路"国家的投资量不断上升，但对具体企业而言，面对投资国错综复杂的宏观和微观环境，应该如何分析判断并作出正确的投资选择仍旧是重要的现实问题。在微观环境中，工会是企业投资前需要重点考虑的因素之一。

本章在联合国贸发会议发布的2018年《世界投资报告》中，检索了支持和参与共建"一带一路"并与我国签署了共建"一带一路"合作协议的123个国家和29个国际组织在2016—2018年间的FDI Inflow数据，并对结果进行了降序排名。2018年FDI Inflow排名前十的国家为新加坡、印度、印度尼西亚、越南、韩国、俄罗斯、土耳其、泰国、阿拉伯联合酋长国、马来西亚。本章希望通过对我国商务部组织国际贸易经济合作研究院和中国驻外经商机构编写的《对外投资合作国别（地区）指南》（2018版）中上述10个国家的情况进行文本分析②，进而回答以下三个问题：第一，在这些吸引外商投资多的国家，其工会运行状况如何、有何特征？第二，这些国家的劳动立法涉及哪些领域、政府的立法态度如何，以及工会是如何通过与政府的互动来影响境外投资的？第三，这些国家的雇主组织运行情况如何、它们如何通过与政府的互动来影响境外投资？

本章接下来的内容安排如下：第二节为研究方法与数据说明，介

---

① 赵银平. 商务部：上半年我国对"一带一路"沿线国家投资增长较快［EB/OL］. (2020-07-23)［2024-10-14］. https://www.yidaiyilu.gov.cn/jcsj/zgsj/dwdz/139128.htm.
② 由于《对外投资合作国别（地区）指南》（2018版）缺失印度的文本资料，因此该国的文本分析按照2018年FDI排名顺位由第11名埃及取代。

绍研究的思路、数据来源以及整理后的数据情况；第三节为影响境外投资的要素，分别介绍对境外投资造成影响的具体要素的情况，主要包括工会运行状况、罢工情况以及制度层面的情况，归纳总结这10个国家的工会类型和工会特征，描述劳动法律政策包含的内容，阐述雇主组织的运行情况和作用。第四节为工会对境外投资影响与机制，分析政府政策、雇主及雇主组织在工会和投资关系中的作用以及三者如何互动进而影响投资。第五节为结论。

第二节　研究方法与数据说明

这一节介绍研究思路与研究方法，同时对数据来源和数据处理进行说明。

一、研究思路

（一）研究对象

支持和参与共建"一带一路"并与中国建立了合作关系的国家和地区很多，各个国家和地区的政治制度、社会文化和经济发展水平及吸收外商投资的能力相距甚远，综合考虑语言障碍和分析材料的可获得性等因素，本节在联合国贸发会议发布的2018年《世界投资报告》中，检索了支持和参与共建"一带一路"并与我国签署了共建"一带一路"合作协议的123个国家和29个国际组织在2016—2018年间的FDI Inflow数据并对结果进行了降序排名。①在这些国家中，新加坡、印度、越南、韩国、俄罗斯、土耳其、阿拉伯联合酋长国、马来西亚的FDI Inflow在2016—2018年间均居于前十，而泰国、印度尼西亚在

---

① 参见2018年《世界投资报告》（https://unctad.org/system/files/official-document/wir2018_overview_ch.pdf）。

这3年间的外商直接投资额呈上升态势。因此，本节将这10个外商直接投资金额多的国家作为研究对象，试图分析在外商直接投资金额多的情况下，这些国家的工会有何特征，工会与政府、雇主组织之间的互动关系如何，进而得出工会是如何通过与政府、雇主组织的互动来吸引境外资本的。

（二）研究材料

虽然我们将研究对象的数量减少至10个，但是受限于语言、研究时间、研究成本以及研究资料的可获得性，本节将国际贸易经济合作研究院和中国驻外经商机构编写的《对外投资合作国别（地区）指南》（2018版）（以下简称《指南》）作为对上述国家工会、政府劳动法律政策以及雇主组织的分析文本。

选择《指南》作为本节研究材料的原因主要有以下四点：第一，《指南》是我国政府向国内企业公开发布的官方投资指南，是商务部作为国家对外投资主管部门主动为社会提供的一项重要的公共服务产品，目的是为我国企业对外投资提供目的国或地区的基础信息，因此《指南》具有公信力。第二，《指南》中各个国家的资料和数据来源于中国驻当地的大使馆以及世界权威组织（比如联合国）公布的数据，因此《指南》具有权威性。第三，《指南》覆盖范围广、涉及的内容翔实。《指南》覆盖了172个国家和地区，包括亚洲地区27个、西亚非洲地区63个、欧亚地区12个、欧洲地区36个，以及美洲大洋洲地区34个。该资料在内容上紧跟国内外投资环境的变化形势，及时更新东道国与投资相关的法律法规政策，全面介绍了投资合作目的国（地区）的基本情况、经济形势、政策法规、投资机遇和风险等内容。第四，《指南》包含了本节研究所需要的工会、政府劳动法律政策以及雇主组织等信息。

综上，我们将《指南》作为文本分析的资料，通过对这些资料的分析来研究这些国家工会、政府及雇主组织的运行状况，以及工会是如何通过与政府和雇主的互动进而吸引外商直接投资的。但是，由于《指南》缺少印度的信息，因此我们按照 2018 年 FDI Inflow 的顺位排序由埃及取代印度作为本节的研究对象。

二、研究方法

本节的研究方法为文本分析法。文本分析法主要是指收集、鉴别、整理文本资料，并通过分析、归纳获取信息的方法。我们使用 MAXQDA 12 软件，将收集到的新加坡、印度尼西亚、越南、韩国、俄罗斯、土耳其、泰国、阿拉伯联合酋长国、马来西亚和埃及在《指南》中的工会、政府劳动法律政策以及雇主组织等内容进行编码、分类、整理，以推断文字背后的含义。

（一）关键词提取

在阅读了 10 个研究文本的基础上，我们从政策样本中提取出了与"工会""劳动法律政策""雇主组织"相关的高频关键词。以上述词汇为引导框架，我们对文本的话语逐步进行了开放性编码和轴心编码。开放性编码是将原始资料赋予概念及类属化为范畴的过程，见表 4-1（受限于篇幅，本章仅列出部分结果）。

表 4-1　　　　　部分文本样本的开放性编码

范畴	原始语句（概念）
工会数量	目前泰国共有 9 个全国性工会组织，总部多设在曼谷或北榄府。泰国工人大会（LCT）、泰国国家工人代表大会（NCTL）和泰国行业工会（TTUC）三家工会为国际劳工组织成员。此外，泰国还拥有数量较多的组织相对松散的工人协调机构或行业协会，在工人运动中也发挥了比较重要的作用（多工会） 根据土耳其法律，工人可自由组织工会（多工会） 越南劳动联合会为全国最大工会组织（单一工会） 在阿拉伯联合酋长国，工会组织是被禁止的（无工会）

范畴	原始语句（概念）
工会影响力	与欧洲国家相比，该国（土耳其）工会力量较弱（弱） 埃及工会组织力量较弱（弱） 泰国是有工会运动传统的国家，其工会力量强大，工会组织遍布全国，对国家政治、经济和社会运行均有一定影响（强） （哈萨克斯坦）遇到劳资纠纷时，工会具有较大影响力（强）
劳动基准	根据《新加坡劳动法》，新加坡无最低工资标准。（最低工资）法定工作时间每周最多45个小时。经双方同意，日工作时间可以采用不同形式，但每天工作时间不超过11个小时，且此种情况不得超过两个月，经双方协商可延长至4个月（工时） 《俄罗斯联邦劳动法典》规定员工的劳动报酬受国家保护，国家规定员工最低工资标准。最低工资标准中不包括补助、补贴、奖金和其他奖励（劳工报酬）
管理服务	管理所有私人公司和企业，负责所有公司和企业的登记注册、领取营业执照和工会会员证书等事宜，提供法律、展览展销、价格评估、检验、信息及其他形式的服务

（二）轴心编码

在开放性编码的基础上，我们寻找各范畴之间的相互关系，从而得到政策的轴心编码。其中，工会项下的轴心编码为5个，雇主组织项下的轴心编码为2个，劳动政策项下的轴心编码为4个，具体见表4-2。

表4-2　　　　　　　　　　文本样本的轴心编码

项目	轴心编码	开放性编码
工会	工作目标	协助再就业、技能培训、维护利益、创造就业
	工会数量	多工会、单一工会、无工会

项目	轴心编码	开放性编码
工会	层级	基层工会、区域或行业工会、全国性工会
	力量	弱、强
	罢工	频率、罢工事件
雇主组织	功能	改善经营环境、管理服务、执行政策、协调关系、组织活动、处理纠纷、宣传、指导咨询、维护权益、增强谈判能力、增进联系、提供信息
	已建组织	新加坡、越南、印度尼西亚、土耳其、泰国、马来西亚、埃及、阿拉伯联合酋长国、俄罗斯、韩国
劳动政策	立法态度	中立、偏袒劳动者
	劳动基准法	休息休假、工作时间、加班、最低工资、工资、社会保障、妇女儿童保护
	劳动合同	期限、试用期、解雇、争议处理
	集体劳动关系	集体劳动制度、工会制度、罢工制度

（三）文本与轴心编码矩阵

基于由开放性编码得到的轴心编码，与10个文本交互生成文本与轴心编码矩阵，见表4-3。表4-3中的数字代表文本与轴心编码交互项下的编码个数。"工会""雇主组织""劳动政策"所在行中的数字代表文本与其项下所有轴心编码交互的编码个数之和（存在四舍五入导致的偏差，下同）。根据表4-3中的编码汇总，我们可以粗略地推断出以下三点：第一，10个国家的劳动关系主要靠政府的劳动法律政策调整；第二，新加坡、韩国、埃及的工会影响力较大；第三，越南、俄罗斯、阿拉伯联合酋长国、马来西亚的雇主组织的影响力较大。

表4-3　　　　　　　　　　文本与轴心编码矩阵

项目	新加坡	印度尼西亚	越南	韩国	俄罗斯	土耳其	泰国	阿拉伯联合酋长国	马来西亚	埃及	总计
工会	15	5	9	14	10	7	7	1	4	10	82
工作目标	8		2	1		1	1				13
工会数量	1	1	1	1	2	1	1	1	1	2	12
层级	3	1	2	3	3	2	1		2	3	20
力量				2	1	1	2				7
罢工	3	3	4		4	2	2		1	4	20
雇主组织	8	1	16	6	14	3	1	9	14	2	64
已建组织	5	1	16	2	2	1	1		14	1	45
功能	3			4	12	2		7			19
劳动政策	10	11	4	13	8	11	10	6	15	8	96
劳动基准	8	5	2	8	4	5	8	3	7	4	54
劳动合同	1	2	2	2	2	2	1		2	2	16
集体劳动关系		3		3	2	4	1	1	7	1	22
总数	34	17	30	34	33	21	19	17	34	21	260

第三节　影响境外投资的要素

在劳动关系领域，影响境外投资的要素包括政府劳动法律制度、工会以及雇主组织。首先，工会对境外投资有直接和间接影响。从直接影响的角度而言，工会数量和工会层级会通过影响工会力量和罢工频率影响境外资本投资；从间接影响的角度而言，工会可能通过集体行动、参与政治等方式影响政府劳动法律政策进而影响境外投资。其次，政府的劳动法律制度也会影响境外投资。从宏观角度看，国家的劳动法律制度可以管制工会的数量、力量、集体协商以及罢工行为，间接影响工会对投资的影响。从微观角度看，劳动法律法规确定的是劳资双方的权利和义务，能够直接影响境外资本投资。一个国家的劳动法律制度体系越完善，劳资双方的权利和义务就越明晰，劳资双方产生纠纷的可能性就越小，投资行为的司法可预见性就越强，越有利于投资。再次，雇主组织亦会影响境外投资。雇主组织的职能范围和力量与境外资本的吸引力之间呈正相关关系。当一个国家的雇主组织为企业提供的服务内容丰富，且具有强大的沟通协调能力和实力时，就越能抑制工会势力并推动政府形成良好的营商政策环境，从而有利于境外资本投资。下面我们将分别从工会、劳动政策以及雇主组织的角度介绍这三个要素是如何影响境外资本投资的。

一、工会

表4-4为"工会"项下的轴心编码与10个文本的交互结果表，数字"1"等代表文本与开放性编码交汇处的文本信息数量。本部分将从工会工作目标、工会数量、层级、力量以及罢工五个方面对这10个国家的工会情况进行描述，并归纳总结这10个国家工会存在的共性。

表4-4 **工会与文本轴心编码交互表**

项目	新加坡	印度尼西亚	越南	韩国	俄罗斯	土耳其	泰国	阿拉伯联合酋长国	马来西亚	埃及	总计
工作目标	4	0	1	1	0	1	1	0	0	0	8
协助再就业	1										1

项目	新加坡	印度尼西亚	越南	韩国	俄罗斯	土耳其	泰国	阿拉伯联合酋长国	马来西亚	埃及	总计
工作目标	4	0	1	1	0	1	1	0	0	0	8
技能培训	1										1
维护利益	1		1	1		1	1				5
创业就业	1										1
工会数量	1	1	1	1	1	1	1		1	1	10
多工会	1	1		1	1	1	1		1	1	8
单一工会			1								1
无工会								1			1
层级	3	2	2	2	3	2	2	0	2	3	21
基层	1	1	1	1	1	1	1		1	1	7
区域或行业类别	1		1	1		1			1		5
全国	1	1	1	1	1	1	1			1	8
力量	1	0									4
弱							1				1
强	1		1	1	1	1					5
罢工	2	2	2	2	2	2	3	0	1	2	18
频率	2	1	1	1	1	1	2		1	1	11
罢工事件		1	1	1	1	1	1		0	1	7

注：表4-4中的数字代表文本与对应的轴心编码交互处有编码和具体文本信息的数量。

　　国家法律制度和工会组织的发展战略影响国家内部的工会组织架构，从而影响国家内部工会的数量和层级结构。工会的数量和层级结构会通过影响工会力量影响境外投资。罢工是政府、工会和雇主组织三方行动的结果，是境外资本投资时的参考依据。罢工频率的高低一方面决定于工会力量的大小，另一方面取决于政府的政策以及历史传统。

（一）工作目标

轴心编码"工作目标"表示工会在该国的工作内容和目标要求。在我们分析的文本中，只有新加坡、越南、韩国、土耳其和泰国的《指南》中有工会工作内容的表述，且主要集中于维护权利这一个层面。增加工人工资、维护工人合法权利是这5个国家工会在维护权利这一工作内容上所做的工作。

新职总的工作目标比较全面，主要包括"创造更多的就业机会、维护工人利益、技能提升培训、协助再次工作、提高退休年龄以及组织相关活动"。新加坡工会虽然具有维护工人权利的职能，但它的其他工作任务均是围绕就业、技能提升等展开的，其目标是提高新加坡劳动者的职业素质和就业率。新加坡工会的工作内容与吸引境外资本的政策是相辅相成的，劳动技能的提升有利于吸引外资，而外资的进入又能促进新加坡劳动力的充分就业，进而实现新加坡经济发展的良性循环。

（二）工会数量

轴心编码"工会数量"表示政府承认的工会数量。这10个国家的工会数量可以分为三种：第一种是无工会国家，如阿拉伯联合酋长国。阿拉伯联合酋长国政府禁止国内的工人成立工会组织。第二种为单一工会组织国家，如越南。越南劳动联合总会为全国最高工会组织。越南的企业大多设有工会，工会代表由工人选举产生，设主席一名、副主席若干名。第三种为多工会组织并存的国家。这些国家又可以根据工会的层级、全国性工会的数量分为三类：

第一类为唯一全国性工会下多个工会并存的国家，以新加坡、俄罗斯和埃及为代表。新职总是新加坡唯一的全国性工会，下设60个工会、12家社会企业和4个相关组织。除新职总外，新加坡法律规定，符合一定条件的工人可以成立工会，也可以决定自行成立的工会是否加入新职总。

第二类以印度尼西亚、韩国、泰国、埃及、马来西亚为代表，是有多个全国性工会并存国家。例如，"2016年，韩国有6 164个工会，工会会员约196.7万名。韩国有两大全国性工会组织：韩国劳动组合总联盟（Federation of Korean Trade Unions，FKTU）和全国民主劳动组合总联盟（Korean Confederation of Trade Unions，KCTU）"。

第三类为多个基层工会并存的国家。国家允许符合一定条件的工人自由地成立工会。例如，土耳其法律规定，"工人可以自由组织工会，但企业工会成立必须拥有该企业50%的工人；行业工会必须有该行业10%的工人"。

国家法律制度影响工会数量，而工会数量反过来又会影响工会与政府的关系，从而影响境外投资。与此同时，工会数量亦会直接影响境外投资。

单一工会以及多工会中的唯一全国性工会与政府之间的关系更偏重法团主义，工会与政府或政党之间存在某种关系。比如，在新加坡，新职总在政治上支持新加坡执政党——人民行动党，将与人民行动党的"共生关系"作为其工作的基石。工会作为一种特定的利益调整方式，政府认可其在处理劳动纠纷、维护工人权益等方面具有一定自主权，并承认工会在法定框架内拥有组织工人罢工的权利。作为回报，工会则在提高劳动者素质、增加劳动者就业机会等方面持续发力，进而在吸引外商投资、维护劳资双方关系和谐以及稳定时局等方面作出积极贡献。

多工会与政府之间的关系更倾向于多元主义，虽然多个工会能实现利益的多元化，并通过相互之间的竞争达到劳资对抗的均衡状态，但是这些组织并不受国家公共权力支配，且能够自我建设和协调并有效地影响国家的政策和方向。因此，在多个全国性工会并存的国家中，工会对投资的影响路径是双重的，且对投资的影响是负面的。一方面，工会通过影响政府的政策来影响投资环境，从而影响境外投资。比如，印度尼西亚的全国性工会联盟有两个，二者均不受政府权力的支配。"2006 年，印度尼西亚政府考虑到 2003 年实施的《印度尼西亚劳动法》大幅提高了企业的劳动成本，影响印度尼西亚产品的竞争力，所以决定修订该法，但是因为以工会为代表的劳方强烈的示威抗议，劳工修订工作无果而终。"另一方面，由于国内有多个全国性工会，工会在吸纳会员等方面存在竞争关系，因此，工会更倾向于真正代表会员的利益，并通过集体行动等方式维护会员的权益。这就会直接影响企业的生产和利润，进而抑制境外资本对该国的投资。

（三）层级

在上述 10 个国家中，除了阿拉伯联合酋长国没有工会外，拥有全国性工会的国家为 8 个，分别为新加坡、印度尼西亚、越南、韩国、俄罗斯、泰国、马来西亚以及埃及。在这 8 个国家中，新加坡、俄罗斯、韩国以及埃及在全国性工会的基础上建立了行业工会和基层工会。其中，新加坡、俄罗斯和埃及均为单一全国性工会下的多工会并存的国家，如埃及有 230 个工会，其组织体系分为三层，即工厂的工会委员会、全国性的产业工会、埃及工会联合会（埃及工联）。韩国则为多个全国性工会并存的国家。

印度尼西亚、越南、泰国和马来西亚则是在全国性工会的基础上直接建立了基层工会。例如，泰国共有 9 个全国性工会组织，其基层工会组织遍布全国。其中，泰国工人大会（LCT）、泰国国家工人代表大会（NCTL）和泰国行业工会（TTUC）3 家工会为国际劳工组织成员。根据《泰国劳动关系法》的规定，雇佣50人以上的企业须成立本企业职工委员会，10人以上员工即可向有关部门申请成立本企业工会。

土耳其是一个多基层工会组织国家，其工会的最高层级为行业工会，"根据土耳其法律，工人可以自由组织工会，其限制条件为行业工会须拥有该行业10%的工人，企业工会须拥有该企业50%的工人"。

工会数量和层级均属于工会体系的组织架构，因此，二者密切相关。基层工会是工会开展工作的必要组织力量，因此，这9个国家均有工会基层组织。一个国家是否具有全国性工会以及行业性工会，需要根据国家法律规定以及工会组织自身的发展情况而定。工会根据政府承认的合法工会组织个数和全国性工会个数，分为单一工会国家和多工会国家。在此基础上，工会决定建立行业工会或者全国性工会组织。综上所述，政府影响国家内部的工会组织架构，从而影响工会数量和层级结构。工会数量和层级结构又会直接影响工会的力量。

（四）力量

轴心编码"力量"表示工会的影响力。表4-4显示，土耳其的工会力量较弱。虽然土耳其工人有自由成立工会的权利，但是在政府的监管之下；政府还有审批工会是否成立，以及工会能否开展罢工游行的权力。另外，结合工会数量和层级来看，土耳其没有全国性的工会组织，工会多居于企业层面，没有形成统一的势力，因此，其影响力较弱。

韩国、泰国和俄罗斯均为多个全国性工会并存的国家，工会受到的政府干预较少；另外，韩国和俄罗斯的工会层级健全，且均具有"罢工传统"，工会的影响力强大。但是，工会的力量并非一成不变，泰国的工会力量受金融危机以及国家社会经济发展状况的影响，处于由强变弱的转变过程中。

在单一工会国家以及唯一全国性工会国家，其工会力量较为强大。例如，越南"工会在为工人争取利益时，在与投资企业谈判、博弈中具有较大作用，要注意处理好企业与越南工会的关系"。"新加坡十分重视保护本国劳动者的权益，并拥有发达的工会组织。新职总及其下属的各行业分会拥有很大的影响力，它们经常代表劳动者与雇主或其他组织就工人待遇等问题进行谈判。"

其余国家的文本中虽然没有表述工会力量的语句，但是根据工会的数量以及层级可以推测工会的力量。多个全国性工会并存且其工会的组织层级较多的国家，工会力量较强；单一工会国家以及具有唯一全国性工会的国家，其工会力量也较为强大。两者之间的差别在于政府对工会是否可控，以及工会影响境外投资的路径不一样。对于多个全国性工会并存的国家而言，政府对工会的干预和控制较弱，工会影响投资的路径有两条：一是通过影响政府政策影响投资，二是直接通过集体谈判等行动影响投资。对于单一工会国家以及具有唯一全国性工会的国家，其工会力量虽然强大，但政府控制了工会组织，因此，这些国家对境外投资的态度因政府的政策变化而变化。

（五）罢工

关于罢工，文献中有三类表述，即"极少发生罢工行为""近些年未发生大规模罢工事件""罢工现象时有发生"。罢工是工会力量的一种表现形式，也是政府、工会和雇主组织三个主体行动的结果。

新加坡极少发生罢工行为，原因有两点：一是因为新加坡属于唯一全国性工会组织国家，其工会属于法团主义工会；二是因为新加坡政府明令禁止罢工行为。

印度尼西亚、土耳其、泰国以及马来西亚近年来"未发生过大的罢工事件"，这四个国家均为多个全国性工会组织并存的国家，但政府的法律制度限定了工会的罢工行为。比如，"马来西亚法律规定，工会的会员资格仅限于某一企业、商业组织或行业内；未通过匿名投票取得2/3会员同意前，工会不得进行罢工"。印度尼西亚的法律规定，"劳工因反对公司相关政策而举行罢工，雇主仍需支付罢工劳工工资，但劳工必须事先通知雇主与主管机关，且必须在公司厂房范围内进行罢工。如劳工违反罢工程序，罢工即属非法，雇主可暂时禁止劳工进入工厂并可不必支付罢工工资"。

越南、韩国、俄罗斯的罢工事件常有发生。虽然韩国和俄罗斯的工会属于多元主义工会，但这两个国家均有罢工的传统，且政府并未限制工会的罢工行为，因此罢工事件在这两个国家中常有发生。在俄罗斯，"2014年发生了293起罢工，但规模都不是很大，主要原因是雇主不按时支付工资，员工不满意收入减少。2015年，由于国际制裁和能源价格下跌引发经济低迷，俄罗斯工人开始罢工，抗议拖欠工资。2016年，俄罗斯共发生抗议性集会和罢工167起，同比增长13%，主要原因是雇主拖欠工资、降低工资、裁员等"。越南虽然是法团主义工会，但是其工会力量较强大，政府也未出台限制罢工的法律政策。另外，由于近些年来越南国内的投资不断增多，且多集中于劳动密集型的制造业，因此罢工事件有所增多，也多集中于外资企业，以中国台湾、韩国投资的企业为主，当地企业的罢工事件相对较少。

通过上述分析，我们可以归纳出这10个国家的工会主要分为两类：

一类是法团主义，以新加坡、越南为代表，其国内仅存在一个主要的劳工利益集团，且角色为利益协调，在国家和工人之间发挥桥梁纽带作用，通过参与立法等形式在涉及与成员利益相关的议题上与国家进行协商。在拥有法团主义工会的国家，劳动关系比较和谐，很少发生罢工事件；即使发生了罢工事件，也是在法律框架下进行的，且罢工比较容易得到平息。

另一类是多元主义工会。多元主义工会又可以细分为两种：第一种属于激进多元主义工会，以韩国、俄罗斯为代表，它们具有罢工传统，工会的力量很大，对投资有负面影响。第二种属于温和多元主义工会，以印度尼西亚、土耳其为代表，它们利益分散、相互竞争从而分解了工会的力量，在职能上也主要是以维护工人的合法权利为主，虽然不受政府控制，但是也不会发生大的斗争行为。因此，这些国家的劳动关系也比较和谐稳定，比较有利于投资，但前提是跨国公司遵守当地的法律政策。

二、劳动政策

表4-5为"劳动政策"项下的轴心编码与10个文本的交互结果表，数字"1"等代表文本与开放性编码交汇处的文本信息数量。我们将从劳动基准、集体劳动关系和劳动合同三个方面对这10个国家的劳动政策情况进行描述，并归纳总结这10个国家劳动政策方面存在的共性。

表4-5　　　　　　　　劳动政策与文本轴心编码交互表

项目	新加坡	印度尼西亚	越南	韩国	俄罗斯	土耳其	泰国	阿拉伯联合酋长国	马来西亚	埃及	总计
劳动基准	7	2	4	2	6	4	5	3	7	3	48
妇女儿童保护	1	1					1		1		4
工作时间					1						4
休息休假	1	1					1	1	1	1	6
最低工资	2		1		1		1		1		6

项目	新加坡	印度尼西亚	越南	韩国	俄罗斯	土耳其	泰国	阿拉伯联合酋长国	马来西亚	埃及	总计
社会保障	1		1	1	1	1	1	1	1	1	9
工资	1			1	1	1			1		5
劳动保护	1	1	1			1	1	1	1	1	8
集体劳动关系	1	2	1	3	2	2	1	1	2	1	17
罢工制度	1	1		1		1			1		5
工会制度	1	1	1	1	1	1	1	1	1	1	10
集体劳动制度				1	1						2
劳动合同	1	1	2	1	2	2	1	2	1	2	15
争议处理								1			1
试用期			1								1
解雇		1	1	1	1	1	1	1		1	8
期限	1					1	1		1	1	5

注：表4-5中的数字代表文本与对应的轴心编码交互处有编码和具体文本信息的数量。

表4-5显示，这10个国家的劳动立法较完善，均涉及劳动基准、集体劳动关系以及劳动合同方面的内容。

（一）劳动基准

劳动基准立法主要集中于最低工资、最高工时、社会保障以及休息休假等方面。需要说明的是，新加坡没有最低工资和遣散费的限制，法定年假也比较少。因此，新加坡的劳动政策对劳动者的保护较弱，劳动力市场极为灵活，企业不必负担更多的用工成本，这也是新加坡能够长期吸引外商投资的重要原因。除此之外，新加坡、印度尼西亚、泰国、马来西亚的劳动基准法律还涉及妇女儿童权益保障的内容。比如，印度尼西亚法律规定，"准许雇用14周岁以上童工，但是工作时间每日以3小时为上限"。泰国规定，只允许雇主雇用15岁以上的童工，但限定了雇用的时间和从事的工作种类；另外，雇主还要向劳动监督检查部门申报雇用童工情况。除了对雇用童工的限制外，泰国政府还规定雇主不得使用女工、孕妇从事劳动的工作种类以及相应的解雇限制情形。

（二）集体劳动关系

在集体劳动关系中，政府的法律制度主要集中于罢工和工会方面。

罢工方面的制度分为两类：一类是以新加坡为代表的禁止罢工的法律制度，新加坡的劳动法律明确规定禁止罢工行为。另一类是有条件的罢工制度，即按照规定程序或者规定条件进行罢工；否则，就视为非法罢工，会受到政府的管制。比如，印度尼西亚、土耳其、泰国以及马来西亚的劳动法律规定了罢工的程序。

就工会方面的制度而言，这10个国家的劳动法律主要管制以下三点：一是工人有自由组建工会的权利；二是工人加入工会是有条件的；三是规定工会与政府的关系，如马来西亚规定"所有工会都必须登记"。这些规定影响了这10个国家工会的结构、力量以及劳资双方关系的和谐稳定程度，进而间接影响境外投资。

（三）劳动合同

在对劳动合同的管制中，上述国家的劳动法律政策主要集中于合同期限、解雇限制等，明晰了劳动者和雇主之间的权利和义务，增强了用工的透明度以及投资者的信心。比如，韩国法律规定，雇主无正当理由不得进行解雇、休职、停职、调动、减薪及其他惩戒。与解雇禁止相对应的是，越南的劳动法律中关于解雇限制方面的规定为雇主需要履行解雇程序，即单方终止劳动合同时，应事先通报劳动者。通报的时间与所签订的劳动合同期限相关。此外，辞退劳动者时，雇主须按每年半个月工资及奖金支付补偿。越南的劳动法律还规定了劳动者的试用期时间和试用期工资，即根据劳动者的专业和技术水平决定试用期时间和薪资水平。《马来西亚劳资关系法》中规定了预防和解决劳资争议的方式，即集体协商谈判和仲裁。

三、雇主组织

表4-6为"雇主组织"项下的轴心编码与10个文本的交互结果表，数字"1"等代表文本与开放性编码交汇处的文本信息数量。由于《指南》是我国商务部作为国家对外投资主管部门主动为我国企业提供的一份对外投资指南，因此，本部分研究的雇主组织以中国企业雇主组织为例。我们将从已建组织和功能两方面对这10个国家的雇主组织情况进行描述，并归纳总结这10个国家雇主组织存在的共性。

表4-6 　　　　　　　　雇主组织与文本轴心编码交互表

项目	新加坡	印度尼西亚	越南	韩国	俄罗斯	土耳其	泰国	阿拉伯联合酋长国	马来西亚	埃及	总计
已建组织	1	1	1	1	1	1	1	1	1	1	8
功能	3	0	0	4	8	2	0	7	0	1	25
改善经营环境				1							1
管理服务					1			1			2
执行政策								1			1
协调关系					1			1			2
组织活动					1			1			2
处理纠纷											
宣传					1						1

项目	新加坡	印度尼西亚	越南	韩国	俄罗斯	土耳其	泰国	阿拉伯联合酋长国	马来西亚	埃及	总计
指导咨询				1				1			2
维护权益			1	1							2
增强谈判能力	1										1
增进联系	1				1	1	1		1		6
提供信息	1				1	1		1			5

注：表4-6中的数字代表文本与对应的轴心编码交互处有编码和具体文本信息的数量。

雇主组织的建立以及雇主组织作用的发挥能够与当地工会进行抗衡，增强其对当地政府的影响力，进而增强投资者的信心，弥补工会对投资带来的消极影响。

（一）已建组织

在共建"一带一路"国家投资，若企业达到一定数量，就要更好地利用所在国宪法赋予的权利，即成立雇主协会或组织（中企雇主协会）抱团集体维权。当企业数量不够时，可以加入其他国家的雇主组织。表4-6显示，中国企业在所有分析样本中均成立了雇主组织。

在这些国家的中企雇主协会中，中国企业又按照行业或地域成立了相应的分会，如新加坡制造商联合会、越南中国商会海防市分会等。

（二）功能

中国雇主组织的作用主要包括改善经营环境、宣传、协调关系、增进联系等10项，共计25条文本信息。中国雇主组织在韩国和俄罗斯这两个激进多元主义工会国家的作用比较明显，其主要工作内容包括以下四个方面：一是为企业提供信息，不仅提供所在国的政策信息，还提供当地工会信息、工人的思想状态信息等，使雇主组织中的会员能够知己知彼。二是增进联系。这里所说的联系不仅包括与所在国雇主之间的联系，还包括雇主组织与政府的联合、互动以及雇主组织与工会的联系。雇主组织通过增进联系减少与工会和工人的冲突。三是维护权益。雇主组织作为企业的代理人，与当地的工会、政府进行谈判，从而维护会员的权益。四是提供咨询服务等。雇主组织建立起来后，其会员就能够对普遍存在的劳资纠纷采取一致行动。雇主团结起来一起维权，与工会相抗衡，增强了维权的效果，降低了维权的成本，[①]增强了投资者的信心，弥补了工会给投资带来的消极影响。

除中国的雇主组织外，这10个国家均成立了自己的雇主组织，其主要职能集中于增进联系和提供信息两方面。例如，俄罗斯联邦工商会包括180家地方工商会、178家企业家联合会、37家联邦范围的商业机构、450个由俄罗斯联邦工商会参与组建的企业及公司（在地方范围内为企业提供信息服务）。俄罗斯联邦工商会还在14个国家注册了15个代表处，并同其他国家共同组建了6个合作性商会。这也部分解释了为什么俄罗斯和韩国这两个国家工会力量强、工人运动多但外商直接投资近3年来一直名列前十。另外，阿拉伯联合酋长国比较特殊，其政府不仅反对工会的建立，而且支持雇主组织建立并赋予其部分管理职能，比如"管理所有私人企业"。

第四节　工会对境外投资的影响与机制

工会对境外投资有负面影响，即工会力量强、罢工频率高会抑制

---

① 洪永红，黄星永．"一带一路"倡议下中企对非投资劳动法律风险及应对［J］．湘潭大学学报（哲学社会科学版），2019，43（3）：66-71．

境外资本的投资行为，但政府劳动法律政策在工会与境外投资关系中发挥着前因变量以及中介的作用。一方面，政府劳动法律制度，特别是集体劳动关系法律制度会影响工会数量和层级，进而通过工会力量以及罢工频率影响境外投资；另一方面，工会又会通过影响政府劳动法律政策进而影响境外投资。工会通过集体行动等方式影响政府劳动法律政策的制定和修订，从而影响境外投资。除了政府劳动法律政策的前因变量以及中介作用外，雇主组织在工会与境外投资关系中发挥着调节作用。雇主组织的存在和雇主组织作用的发挥能够抑制工会对境外投资的负面作用。

一、政府劳动法律政策的前因变量作用

一方面，劳动法律政策中的工会制度明确了工会的成立条件、程序、职能、权利和义务，以及工会和政府之间的关系等，从而确定了工会在国内的数量、层级结构。工会数量和层级结构会影响工会抑制境外投资的力量。

另一方面，劳动法律中的集体行动制度规定了工会的集体协商谈判权以及罢工行为。集体行动制度会影响和规范工会的行为，防止工会的"过分"行为，比如禁止罢工或者限制罢工行为，进而抑制工会对投资行为的负面作用，为境外投资营造一个良好的营商环境。

二、政府劳动法律政策的中介作用

工会通过影响政府劳动法律政策影响境外投资行为。根据工会的类型以及工会与政府的互动关系，工会对政府劳动法律制度的影响路径有两条：

一条为法团主义的控制参与式路径。工会与政党关系密切，通过影响政党来影响政策制定，从而对投资造成影响。例如，新职总是新

加坡政府承认的唯一全国性工会组织，其在政治上支持新加坡执政党——人民行动党，与人民行动党形成了"共生关系"。一方面，新职总通过全国工资理事会、全国生产力标准委员会、全国经济发展委员会、中央公积金等机构，参与制定与工人切身利益相关的政策法律，从而更好地维护工人的利益；另一方面，新职总通过新加坡劳资政三方协商机制，推动新加坡政府颁布了一系列法令，以保障工人的利益，如《雇佣法令》《职工会法令》《工业关系法令》《工厂法令》等。另外，新职总经常审视现行劳动法令，并适时向政府提出修改意见。

另一条为多元主义的博弈斗争式路径。工会虽然是按照法律规定成立的，但其分散且不受政府控制。一方面，这些工会代表的利益不同，因此，在工会之间和工会与资方之间形成了博弈，政府充当调解人的角色；另一方面，这些工会遇到共同利益时，又会形成统一力量，与政府对抗，迫使政府修改或维持劳动法律法规。比如，泰国的90天产假权利和1993年起施行的《职业安全与卫生法》均是工会组织通过与政府斗争为泰国工人争取的。通过罢工、示威方式为劳动者争取权益，影响国家立法的还有韩国，2017年，韩国两大工会组织的会员参与了要求朴槿惠总统（时任）下台的烛光示威，并在文在寅总统就职后组织了要求提高最低工资、劳动待遇的总罢工集会。此外，针对韩国国会通过了从2019年年初开始逐步将定期奖金和餐补等福利以一定比例计入最低工资标准的法案，两大工会发动了全国性的罢工，迫使政府取消了上述法案。

三、雇主组织的调节作用

雇主组织对工会与投资关系的调节作用表现在两个方面：

一是雇主组织与当地政府的互动能够改善政府的法律政策，进而吸引境外投资。雇主组织与当地政府联系的加强、与政府的商务谈判以及参与法律政策的制定会影响劳动法律对于雇主权利和义务的规定。一方面，劳动法律政策明确了雇主的权利，提高了投资行为的法律风险可预见性，增强了投资信心；另一方面，劳动法律政策明确了雇主的义务，有利于跨国公司在投资前核算劳动成本，不仅有利于雇主进行投资决策，而且有利于雇主进行稳定的投资行为，从而促进劳动关系长期稳定发展。

二是雇主组织与工会的互动能够抑制工会对境外投资的负面作用。工会与雇主及雇主组织的互动模式主要分为两种：一种是参与合作式。虽然工会和雇主组织代表不同的利益方——工会代表工人利益，以改善会员的工作条件和提高会员的工作待遇为己任；雇主组织代表雇主利益、降低成本、提高雇主绩效是其主要目标——但是，从提高整体组织绩效的角度而言，双方的目标并不冲突，因为组织整体绩效的提高有利于双方目标的实现。在此基础上，工会通过参与企业管理等方式与雇主组织为了共同的目标而合作，双方达成共识，从而更好地吸引外资。另一种是斗争谈判式。工会代表会员利益，就改善工人的工作条件、提高工人的劳动报酬等事宜与雇主或雇主组织进行谈判，甚至通过集体行动向雇主或雇主组织施压，以最终形成在劳动法律制度框架下双方均可接受的劳动标准，减少工会对吸引外资的负向影响。

四、三要素互动达到劳动关系平衡，进一步吸引境外投资

劳动法律制度既是工会影响投资的前因变量，又是工会影响投资的中介机制，还是雇主组织调节作用发挥的着力点。因此，劳动法律制度是工会影响境外投资的关键点，也是工会和雇主组织与政府三者之间互动、博弈的结果。它通过明晰劳资双方的权利和义务，管制双方的行为，从而实现国家劳动关系在一定时间内的平衡和稳定，而由

此产生的政局稳定、政策稳定以及司法公开预见性高成为强有力的吸引投资的因素。

这种能够吸引境外资本投资的劳资关系平衡和稳定来自政府、工会和雇主组织三个主体在宏观和中观两个层面的努力（如图4-1所示）。在宏观层面上，工会和雇主组织影响政府劳动法律制度，而政府颁布的劳动法律制度又能实现劳资双方在宏观层面的平衡。也就是说，在一定的经济发展水平下，既保障了劳动者的劳动权益，又保障了资本的投资活力。明晰的劳资双方的权利和义务增强了投资的可预见性，有利于吸引境外投资。在中观层面上，雇主组织发挥作用，与工会沟通、交流、合作或者协商谈判、斗争，最终实现中观层面的力量平衡，从而减少了劳资双方的纠纷和冲突，降低了维权管理成本，提高了投资者的信心。

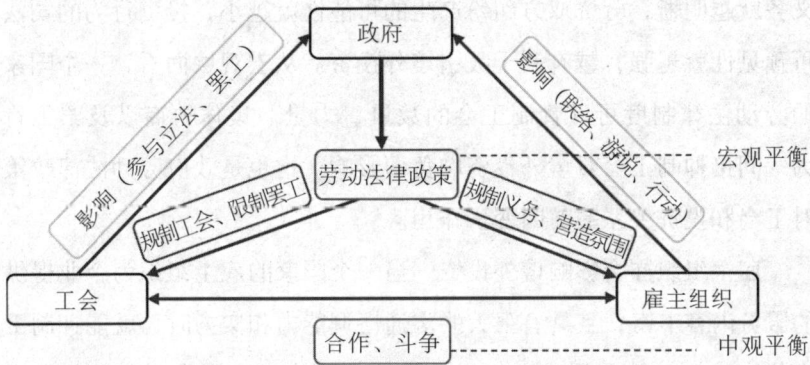

图4-1　有利于吸引投资的三要素互动图

第五节　结论

本章在支持和参与共建"一带一路"并与我国签署了共建"一带一路"合作协议的123个国家和29个国际组织中，选取了FDI Inflow

前十的国家作为研究对象，通过对我国商务部组织国际贸易经济合作研究院和中国驻外经商机构编写的这10个国家的《指南》进行了文本分析，进而研究了共建"一带一路"国家的工会对境外投资的影响。

研究表明，影响境外投资的要素除了工会外，还包括政府劳动法律政策以及雇主组织。工会通过直接或间接方式影响境外投资。首先，就工会本身而言，工会数量和层级通过影响工会力量和罢工频率直接影响境外资本投资。其次，从间接影响的角度而言，工会可能通过集体行动、参与政治等方式影响政府劳动法律政策，进而影响境外投资。这也体现了政府法律政策在工会与投资关系中的中介作用。

政府劳动法律制度也会通过宏观和微观层面影响境外投资。从微观层面看，一个国家的劳动法律制度体系越完善，劳资双方的权利和义务就越明晰，劳资双方纠纷产生的可能性就越小，投资行为的司法可预见性就越强，越有利于吸引境外投资。从宏观层面看，一个国家的劳动法律制度可以管制工会的数量、力量、集体协商以及罢工行为，间接抑制工会对境外投资的负面影响。这也是政府劳动法律政策对工会和投资关系的前因变量作用。

雇主组织亦会影响境外投资。当一个国家的雇主组织为企业提供的服务内容丰富，且具有强大的沟通协调能力和实力时，就能抑制工会势力并推动政府形成良好的营商政策环境，从而有利于境外资本投资。

雇主组织对工会和投资关系的调节作用有两条主要实现途径：一是雇主组织通过与政府的良性互动促使政府出台有利于投资的劳动政策，形成有利于投资的政策环境，进而吸引境外投资；二是雇主组织通过与工会组织合作或抗衡，抑制工会对投资的负向作用，从而吸引境外投资。

此外，政府的劳动法律制度是工会影响境外投资的起点和落脚点，是工会和雇主组织与政府三者之间在宏观和中观层面互动和博弈的结果，能够实现劳动关系在一定时间内的平衡和稳定。而由此产生的政局稳定、政策稳定以及司法公开预见性高又成为吸引投资的强有力因素。

第五章

亚洲国家工会与劳动雇佣管制：以新加坡为例

亚洲各国的工会与劳动关系制度之间的作用是相互的。

一方面，劳动关系制度通过影响工会的数量和权利而影响工会在该国的力量。按照亚洲各国的劳动法律制度，亚洲国家的工会按工会数量可分为以下三类：

第一类为无工会国家，以阿拉伯联合酋长国为代表。阿拉伯联合酋长国法律禁止工人在境内成立工会组织。

第二类为单一工会国家，以中国、越南为代表。越南劳动法律规定，越南劳动联合总会为全国最高工会组织。

第三类为多工会组织并存的国家。其中，又可以根据工会的层级、全国性工会的数量分为三种：第一种为唯一全国性工会下多个工会并存的国家，以新加坡、俄罗斯和埃及为代表。新职总是新加坡唯一的全国性工会，下设60个工会、12家社会企业和4个相关组织。第二种为多个全国性工会并存国家，以印度尼西亚、韩国、泰国、埃及、马来西亚为代表。第三种为多个基层工会并存的国家。国家允许符合一定标准的工人自由成立工会，例如土耳其法律规定，"工人可以自由组织工会，但企业工会成立必须拥有该企业50%的工人；行业工会必须有该行业10%的工人"。

另一方面，劳动关系制度在影响工会数量的同时，也会管制工会的权利，特别是罢工权，进而影响工会力量。

本章着重研究亚洲国家工会对劳动关系制度的影响，因为劳动关系制度是各个劳动关系行动主体行动的结果，也是政府调整本国劳动关系的重要抓手。一个国家的劳动法律制度体系越完善，劳资双方的权利和义务就越明晰，劳资双方纠纷产生的可能性就越小，投资行为的司法可预见性就越强，越有利于投资。本章以新加坡为例，分析工会对劳动关系制度的影响。

第一节　新加坡工会影响劳动关系的机制

这一部分先介绍新加坡政治经济发展状况、工会的基本状况，接着从国家三方协商机制、集体协商谈判和职总合作社三个方面分别介绍新加坡工会影响劳动关系的机制。

一、政治经济发展概况

新加坡地理位置优越，位于马来半岛南端、马六甲海峡出入口。自1965年独立以来，新加坡的建设取得了举世瞩目的成就，被誉为"亚洲四小龙"之一。新加坡2020年国内生产总值高达3 399.98亿美元，人均国内生产总值59 797美元，是亚洲发展状况良好的资本主义发达国家。

（一）政治制度

《新加坡宪法》规定，新加坡的政体为议会共和制。

新加坡总统为国家的名义元首，每届的任期是6年，由全体公民选举产生。新加坡第八任总统为哈莉玛·雅各布（Halimah Yacob），出生于1954年，博士毕业于新加坡大学。她曾就职于新职总，2013年被任命为新加坡国会议长。作为新加坡首位女性议长，于2017年当选为新加坡第八任总统。她不仅是新加坡首位女总统，而且是第二位马来族的总统，于2023年9月13日结束6年任期。新加坡的现任总统是尚达曼（Tharman Shanmugaratnam）。

新加坡的国会实行一院制，每届任期为5年。《新加坡宪法》规定，国会可以在期满之前提前解散，但是选举必须在国会解散后的3个月内举行。公民年满21周岁后均可以投票。国会议员分为民选议员、非选区议员和官委议员。其中，民选议员、非选区议员的任期为

5年，官委议员的任期为2年半。民选议员由各个选区内的公民选举产生，这种议员被认为是单选区候选人。另一种民选议员被称为集选区候选人。集选区候选人需要3人以上、6人以下组团作为一个整体参选，团内成员必须有一人以上是马来族、印度族等少数种族，且团内成员必须属于一个政党或者均为无党派人士。以2015年新加坡大选为例，民选议员是从全国13个单选区和16个集选区选举产生的。非选区议员是从得票率最高的反对党未当选候选人中任命产生的，人数最多不超过6名。任命的方式能够确保国会中有反对党的代表。官委议员是由总统根据国会特别遴选委员会的推荐任命的，可以确保国会中有独立和无党派人士。新加坡第十三届国会选举于2020年7月完成，31个选区共选举了93名民选议员。其中，人民行动党获得83个席位，工人党获得10个席位。

新加坡的政府为内阁，内阁对国会负责。内阁总理由总统委任，由总理提名并由议会批准任命国家安全统筹部、经济及社会政策统筹部等政府部门部长，组成内阁。新加坡的首任总理为李光耀（1923年9月—2015年3月），他是人民行动党的创始人之一，被誉为"新加坡国父"。现任总理为黄循财，出生于1972年12月。2024年5月15日，黄循财在新加坡总统府宣誓就任新加坡第四任总理。

新加坡的司法体系由最高法院和总检察署组成。最高法院由高庭和上诉庭组成，上诉庭为终审法庭。最高法院大法官由总理推荐、总统委任。

（二）经济发展状况

2009年以来，新加坡经济实现持续增长，其重点产业为电子工业、石化工业、精密工程业、生物医药业、商业服务业以及海事工程业等。2020年，新加坡国内生产总值3 399.98亿美元，人口数量为568.58万人，人均国内生产总值5.98万美元。

新加坡政府的财政收支稳健而平和，无外债压力。2016年，新加坡政府收支盈余为190.5亿新元，年末政府国内债务余额为4 874亿新元。2017年年末，新加坡官方外汇储备为2 799亿美元，货币供应量（M2）为5 801亿新元，同比增长3.2%。新加坡的利率、汇率保持稳定，活期存款利率为0.16%，一年定期存款利率为0.33%，基础贷款利率为5.28%，美元兑新加坡元的汇率为1：1.3807（2017年平均）。新加坡贸易和工业部2018年2月14日公布的数据显示，2017年，新加坡经济增长率为3.6%。

在世界经济论坛发布的《2019年全球竞争力报告》中，新加坡的全球竞争力以84.8分的成绩位居第一。在12个支柱指标中，新加坡的医疗卫生、基础设施、金融制度、通信技术应用、社会制度、产品市场和劳动力市场这7个指标排名均在全球前十。其中，新加坡的劳动力市场指标得分名列全球第一。[①]

（三）劳动力市场状况

新加坡被认为是全球劳资关系最好的国家，但新加坡的劳动力供给近些年呈下降趋势。根据新加坡人力部的最新数据，截至2017年年底，新加坡本地劳动力较上年减少0.4%，年末劳动力总数达365.7万人。截至2018年6月，新加坡整体失业率为2.1%，公民失业率为3.0%。2017年，本地居民月工资中位数（含公积金）为4 232新元。新加坡人力部指出，到2026年前，新加坡劳动力将会萎缩1.7%，并且在之后的10年内继续萎缩2.5%。

二、工会组织发展现状

新加坡唯一的全国性工会为新职总。新职总成立于1961年9月，

---

① 叶伊倩，林世爵. 全球竞争力排行榜中的中国——《2019年全球竞争力报告》的解读及对中国的启示 [J]. 科技创新发展战略研究，2020（2）：52-57.

正式注册于1964年2月8日，每4年举行一次全国代表大会，下属航空运输行政人员工会、公共雇员联合会、新加坡埃克森美孚职工工会以及教育服务工会等60个工会、12个社会企业和4个相关组织，现有会员约50万人。新职总的职责包括为劳动者创造工作机会，帮助失业劳动者实现再就业，培训和提高职业技能，维护工人利益，延后退休年龄以及组织相关活动等。新职总希望生活和工作在新加坡的所有劳动者，不论年龄、民族，都过上更好、更有意义的生活。新职总为各个年龄段的劳动者提供高品质的休闲设施等，确保劳动者有良好的工作环境和公平的劳动报酬，为工人提供技能培训，以劳动者消费能力以内的价格提供优质的产品和服务。

关于新加坡工会的现状，我们在前文已做了详细介绍，在此不再赘述。

三、工会影响劳动关系的机制

新加坡工会主要通过以下三个机制影响劳动关系：

（一）国家三方协商机制

国家三方协商机制中的劳方代表是新职总，其在政治上支持新加坡执政党——人民行动党。新职总将其与人民行动党的"共生关系"作为工作的基石。资方的代表是新加坡全国雇主联合会，这也是新加坡唯一注册的雇主联合组织。

新加坡的雇主组织分为两大类：外资的雇主组织有11个，多数代表外资在商业贸易及制造业方面的利益；本地雇主组织有6个，其中新加坡全国雇主联合会主要从事协调劳资关系方面的工作，其余几个则是促进贸易商业活动的商社、商会和制造业商会。政府代表是新加坡劳工部。

新加坡劳资政三方协商机制的目标是以协商和达成共同协议为基

础，实现国家经济和社会发展。新职总通过全国工资理事会、全国生产力标准委员会、全国经济发展委员会、中央公积金等机构，参与制定与工人切身利益相关的政策法律，从而更好地维护工人的利益。在劳资政三方的努力下，新加坡政府颁布了一系列法令，以保障工人的利益，如《雇佣法令》《职工会法令》《工业关系法令》《工厂法令》等。新职总经常审视现行的劳动法令，并适时向政府提出修改意见。新职总还举行工人选举，选定一些高级官员，以加强新职总领导层的能力。不仅如此，新职总还为工人提供就业培训，并负担工人的培训费用，以此提高工人的素质及竞争力，增加其职业发展机会。

新加坡劳资政三方协商机制的建立得益于新加坡健全的法律结构。新加坡劳工部认为，过去英国留下的法律对工人没有约束力，工会的权力非常大，不利于提高劳动生产率，在吸引外资方面不会有好的效果。1986年，新加坡政府发布了《雇佣法令》和《工业关系法令》，提倡劳资双方紧密合作，引导劳资关系从对抗走向合作，平衡雇主组织与工会的利益，不仅有利于提高劳动生产率，而且有利于劳动者劳动条件的改善。

（二）集体协商谈判

新加坡工会影响劳动关系的第二个机制是与产业关系的管理方进行谈判，内容是每年的工资增长幅度。受宽松的劳动法律政策的影响，新加坡的劳动力市场灵活度较高。根据《新加坡劳动法》，新加坡无最低工资标准限制，工资由公司和员工协商，或者由公司和代表员工的工会协商。因此，工会与雇主的谈判基本上在公司一级进行，但是有关工资的谈判依据是全国工资理事会的工资指导原则。

新加坡集体协商谈判的社会基础是：工会有负责的态度，同时可以获得开明资方的支持；公司与工人分享赚取的利益；通过灵活的工资制度，以不固定的奖金来奖赏工人，使奖赏与公司的营业状况进一步挂钩；工人获得更多的福利，职工运动更具威信，从而确保工会、雇主及政府更进一步地密切合作。

（三）职总合作社

职总合作社是新职总影响劳动关系的又一重要机制。新职总创办的合作社主要致力于第三产业，其宗旨是加强企业之间的联系，促进消费品买卖，稳定商品和服务价格，保障新加坡工人的生活水平以及增强弱势群体的购买力。

面对新加坡劳动力市场存在的收入差距问题，新职总并不同意制定最低工资标准，它认为劳动标准的设定会抬高人力成本，这会导致新加坡失去吸引力，从而给境外投资带来负面影响。但是，如何填补劳动力市场的收入差距，帮助低收入者提高生活水平，从而保障劳动者的权益，促进劳动关系和谐发展，成为新职总需要考虑的问题。基于此，新职总创办了职总合作社，通过推行合作社运动、提供低价服务、提供购物优惠卡、平抑通胀率等措施，为会员降低生活成本；通过协助工人加入保险，新职总成立了新加坡第三大保险公司（英康保险合作社）；通过其他创收方式，为工会和会员增加收入。

职总合作社的成功运营，一方面为工会经费提供了有益的补充；另一方面也切实维护了工人的利益，有效扩大了新职总在新加坡经济社会中的影响力。目前，新职总已创办了平价合作社、英康保险合作社等在内的11个合作社。主要合作社的基本情况为：

1973年7月22日，平价合作社成立。平价合作社的使命和愿景为平抑物价以及服务弱势群体，比如中低收入群体和劳工。平价合作社成立之前，新加坡的物价节节上涨，超过了劳动者和很多中低收入群体的支付能力。在此背景下，新职总将平抑物价、向劳动者和中低收入群体提供物美价廉的商品作为其新的工作目标。于是，新职总决定成立平价合作社。时任内阁总理李光耀对新职总的这一决策和行动非常支持，他亲临平价合作社开业现场，并为其剪彩。

平价合作社通过建立生产基地，创建自主品牌、物流公司、超市和连锁店等方式，打通产供销全产业链，降低商品价格，为劳动者和中低收入群体提供物美价廉的产品和服务。不断改进的经营管理方式和服务形式有助于平价合作社在发展中提升自身的核心竞争力，从而能够从容应对具有规模、品牌和资金优势的法国家乐福、马来西亚巨人等超市的竞争。在平价合作社不断做大做强的同时，新职总号召全国小型零售商以特许经营的形式与平价合作社结成联盟。一方面，这有助于小型零售商利用平价合作社的品牌和影响提升其抵御风险和盈利的能力；另一方面，平价合作社能够以低成本扩大市场覆盖面和影响力，从而有助于其为劳工和中低收入群体提供物美价廉的商品和食品，降低这些群体的生活费用。平价合作社通过为弱势群体节约生活成本的方式助益新加坡劳资关系的改善。

英康保险合作社是新职总创办的第一个合作社，于1970年5月成立。英康保险合作社也是新职总创办的唯一的保险合作社。在相对发达的保险市场上，英康保险合作社的定位为综合性、互助性保险公司，其资金来源于新职总及其附属工会。新职总的会员向英康保险合作社交纳会费后，无论是否购买保单，均会与其建立联系，并按照规定享有分红权以及相应的服务。会员如果购买英康保险合作社的保单，不仅能够按照约定享受保单合同条款中的服务和项目，而且可以按照规则获得红利。经过多年的发展壮大，英康保险合作社已成为新加坡最重要的保险机构之一，在新加坡的众多保险公司中，其综合排名进入前三。新加坡每年销售的新保单中，大约有1/4的保单是英康保险合作社的。英康保险合作社有1 000多名职员和3 000多名保险顾问，其经营目标之一为降低经营成本、提高收益、将更多的利润用于分红。

新职总在平价合作社和英康保险合作社之后，又相继创办了牙科保健合作社、托儿合作社等，目的是降低雇主的用工成本，增加劳动者的福祉，解决劳动者的后顾之忧。

第二节　工会与集体协商制度

在新加坡的劳动关系协调机制中，集体协商制度是很重要的一个，所以在这部分我们重点介绍新加坡的集体协商制度。

一、集体谈判主体

在新加坡，集体谈判主体有两个：一个是工会及新职总，另一个是全国雇主联合会。

（一）工会及新职总

新加坡法律规定，任何一个企业，只要有7个人，就可以决定是否成立工会，因此，工会基本上在公司一级成立。目前，新加坡全国共有72个工会，其中一部分是行业工会、单位工会和专业工会。如果公司工会是行业工会的一部分，就成为行业工会的支部。任何已登记的工人工会只要其目标与新职总的目标不相抵触，就有资格加入新职总。代表同一类别或同一机构（或行业）工人的两个或两个以上工会，由新职总中央委员会酌情决定是否联合起来。

工会的领导人通过选举产生，每年参加行业工会的代表大会；新职总的领导人参加每3年一届的代表大会选举。工会会费是每个会员月薪的1%。每个工会将会费的25%交给新职总，新职总依此项费用开展各种活动。

（二）全国雇主联合会

新加坡全国雇主联合会在集体协商谈判以促进劳资关系和谐、劳资政策及经济发展中所扮演的角色是雇主的代表。新加坡最早的雇主联合组织是"新加坡工业家与商家联合会"，其成立于1948年，目标和宗旨是保护和促进雇主的权益。后来，新加坡雇主联合会、全国雇主工会相继于1953年和1965年成立，这两个雇主联合会的宗旨和目标是一致的。新加坡雇主联合会和全国雇主工会于1980年7月1日合并，更名为"新加坡全国雇主联合会"，其宗旨相应地变更为"协助会员保持良好的劳资关系，提高生产力，进而使会员、雇主及政府三方受益"。

咨询服务、培训和发展服务以及信息服务是新加坡全国雇主联合会向会员提供的三项主要服务。其中，咨询服务是新加坡全国雇主联合会向会员提供的有关劳动法律政策及其运用方面的帮助，辅助会员解决公司内部的劳资纠纷，代表会员就工资、工时等内容与工会进行集体协商谈判，帮助会员制定内部员工薪酬福利制度、员工管理政策、绩效评估制度等。培训和发展服务是新加坡全国雇主联合会帮助会员分析培训需要，确定培训内容和方案，协助会员执行培训计划。信息服务是新加坡全国雇主联合会向会员传达来自政府部门的有关国家经济及不同行业的发展前景与所遇到的困难的信息，帮助会员分析劳动力市场现状及问题，发布行业内劳动者的薪资状况调查结果，以及其他定制的市场调研结果。

二、集体协商制度

在宏观层面上，集体协商表现为政府及新职总会在劳工问题上经常征求雇主的意见，全国雇主联合会也会时常与政府及新职总举行对话。

从微观层面上看，新加坡90%以上的企业工会都属于新职总，相应的集体谈判大多也是在企业层面进行的。集体协商谈判的内容涉及工时、薪资、年休假等劳动条件内容，劳资双方会针对协商谈判的内容签订书面集体合同，合同期限一般在3年以内。鉴于新加坡工资理事会每年均会发布工资指导原则，因此工会和雇主会就加薪事宜每年协商谈判一次。

新加坡法律规定的集体谈判、协调与纠纷仲裁的程序为：首先，新职总和全国雇主联合会分别协助职工和雇主谈判，为双方提供相关的政策咨询和服务。其次，集体协商谈判失败的，劳资争议交由新加坡劳工部调解。最后，如果调解不成，由工业仲裁庭对劳资争议进行裁决。工业仲裁庭的组成实行三方机制，即由主席、一名工会代表和一名雇主代表组成。工业仲裁庭主席的地位相当于高等法庭的法官。值得一提的是，工业仲裁庭的裁决是最后的裁决，双方均不能上诉。近些年来，新加坡的劳资纠纷大多数通过协商谈判解决，少部分交由新加坡劳工部调解成功，为数不多的争议由工业仲裁庭裁决。

另外，《劳资关系法令》明确规定，晋升、调动、解雇等内容禁止集体谈判，所以，新加坡的集体谈判内容主要是工资。

第三节　工会与劳资纠纷处理制度

新加坡将劳动纠纷分为两类，即劳资（雇佣、工资、保险等）纠纷和工伤赔偿纠纷。其中，劳资纠纷又按照是否有工会参与，分为有工会纠纷和无工会纠纷。因此，从某种角度来看，新加坡在劳动关系协调机制的设计上，很重视工会是否积极参与劳资纠纷处理程序和过程，并对纠纷处理结果产生影响。

一、非工会劳资纠纷处理程序

非工会劳资纠纷是指没有工会组织的企业内雇员因为劳动权利等

事宜与雇主产生的纠纷。当前，70%以上的新加坡企业内部并没有成立工会，所以非工会劳资纠纷在整个劳资纠纷总量中占比最大。

非工会劳资纠纷处理程序为：第一，劳动争议双方当事人均可以向新加坡劳工部劳资关系署雇佣基准组提出纠纷处理申请。第二，雇佣基准组召开调解会议，针对劳动争议处理申请事项的内容进行调解。如果双方不能达成调解协议，纠纷处理申请则会被提交到劳工法庭判决。第三，劳工法庭针对争议案件进行开庭审理，并作出裁决。第四，如果双方当事人中有任何一方不服裁决，可在签收裁决书之日起14日内向高等法庭上诉。如果败诉方既不上诉又不执行裁决，劳工法庭将向其发出执行令。胜诉的一方可以持执行令前往初级法院，要求初级法院强制执行该裁决。第五，高等法庭就上诉案件进行开庭审理并作出终局裁决。当事人必须执行该裁决，否则将会受到刑事处罚。

上述程序是一般劳动争议案件的处理程序，复职类劳动纠纷的处理程序与此不同。《雇佣法令》规定了雇员被开除后要求复职的争议处理程序：一是被开除的员工在1个月内致函劳工部部长，函件内需要载明雇主不合理开除的理由；二是劳资关系署或其代表对争议事情进行调查并将最后的调查结果提交给劳工部部长；三是劳工部部长可以要求雇主让雇员复职并支付雇员应得的工资，或者命令雇主补偿雇员一笔费用。劳工部部长作出的决定是最终决定，具有法律效力。在实践中，因为复职类案件双方当事人就被解雇的事实争议比较大、对立情绪比较严重，劳资和谐关系很难修复，所以劳工部部长一般会让雇主支付雇员补偿金。

劳工法庭在处理非工会劳资纠纷中发挥着重要的作用。劳工法庭由3名劳工部劳资关系署雇佣基准组办案经验丰富的工作人员来审理争议案件。劳工法庭一般通过传票方式传唤当事人，如果当事人拒不到庭，劳工法庭既可以缺席判决，又可以藐视法庭为由，发出通缉令，追究当事人的刑事责任。劳工法庭开庭后，通过双方在庭审中的陈述、举证、证人证言查明事实。一般情况下，劳工法庭会通过休庭的方式让当事人补充相关证据来查明事实真相。法律规定，参与调解的人员不得担任劳工法庭的审判员，这样就可以避免办案人员先入为主影响裁决。与我国不同的是，新加坡的劳工法庭不允许律师作为代理人参加庭审活动，因为律师是以胜负为准则的，且喜欢抠法律条文。由于所审理的案件涉及律师自身利益，所以律师常常有碍于达成和解，进而在一定程度上增加了劳工法庭处理争议的难度。此外，这样做还能减轻当事人诉讼的经济负担。

二、工会劳资纠纷处理程序

工会劳资纠纷是指企业内部不仅成立了工会，而且由工会代表雇员与资方发生的劳资争议。工会劳资纠纷要先经过集体谈判，然后才能进入调解及仲裁程序。工会劳资纠纷的处理程序如下：首先，企业内部成立的、经劳工部注册的合法工会要向雇主提交集体合同建议书，如果雇主不同意，工会或者雇主可以向劳工部投诉。其次，劳工部劳资关系署在收到投诉后，对双方进行劝说和协调；如果双方仍不能达成协议，工会可采取集体行动或联名申请劳工部部长直接干预，并提交劳资仲裁庭听证。最后，劳资仲裁庭对争议进行裁决。劳资仲裁庭的裁决是终局裁决，当事人不得上诉，若不执行将会承担刑事责任。

在工会劳资纠纷处理程序中，劳资仲裁庭发挥着决定性作用。劳资仲裁庭的主要任务是公正地解决劳资纠纷，核准集体合同，和谐劳动关系。劳资仲裁庭的主席由总理提名、总统任命，任期为2年，职务相当于高等法院法官。劳资仲裁庭实行陪审员制度，雇主陪审团共

10人，由新职总提名、劳工部部长委任，任期1年。劳资仲裁庭由3人组成：主席，雇主陪审团、雇员陪审团各选1人；或由主席指定2名陪审员参加仲裁。当事人向劳资仲裁庭申请仲裁，可双方联合申请，也可单方申请，实行自愿原则。但是，对引发罢工、闭厂的劳资纠纷，经总统或劳工部部长批示，可直接把纠纷提交劳资仲裁庭处理，实行强制性仲裁。关于出庭的代表，职工方为工会理事或职员，资方为管理层职员。执业律师不得代表任何一方出庭。

劳资仲裁庭审讯程序由仲裁庭斟酌制定，不拘泥于形式，也不受证据法约束。劳资仲裁庭根据公平、良知及实际个案的特点来处理纠纷，其权力包括传唤证人、接受证人证言、当庭审讯、命令被开除员工复职、向专家提出咨询、延续合同或谈判、搁置实行或修改合约或谈判、解释合同条文或判决条文、投诉有关不履行合同或判决、投诉迫害员工或判决。劳资仲裁庭的裁决遵循的原则是考虑各方利益、社区的利益及国家的经济情况，尊重大多数人的意见或劳资仲裁庭主席的意见。

三、工伤赔偿纠纷处理程序

工伤赔偿纠纷是雇员在工作时间受伤，以致其在养伤期间损失赚取工资的能力或在任职期间染上职业疾病，因而要求雇主赔偿而发生的争议。

工伤赔偿纠纷的处理程序如下：第一，受工伤者需要向劳工部工伤赔偿署提出工伤赔偿申请。第二，工伤赔偿署安排受工伤者接受医生检验。第三，工伤赔偿署向雇主发出赔偿通知书，如果雇主拒绝进行赔偿，工伤赔偿署则会安排受工伤者接受第二次医生检验。第四，如果雇主与受工伤者仍不能达成协议，工伤赔偿署会召开调解会议，对争议进行调解。如果调解失败，工伤赔偿署会将争议提交工伤赔偿法庭判决。第五，工伤法庭作出的判决是最终裁决。除非是关系到重大法律问题且涉及的赔偿金额超过1 000新加坡元的雇主，才能向高等法院上诉。工伤法庭允许雇员、雇主、保险公司聘请律师参加庭审活动。此外，受工伤雇员也可以通过民事诉讼等方式要求雇主赔偿损失。

纵观新加坡劳动争议处理程序与方式，可以发现其主要特点有四个：一是将工会作为一个重要的变量，它不仅影响争议处理程序，而且由于力量等因素可以影响争议处理结果。二是争议处理将灵活性和法律有机结合起来，从而确保争议处理质量。因为工伤法庭、劳工法庭、劳资仲裁庭、高等法院在处理各类劳资争议案件时，始终坚持依法办案的原则，具体到庭审程序上则采取灵活的方式，由法庭或仲裁庭根据公平及实际个案的特点，使争议案件公正、及时地得到解决。三是各个机构职责明确。根据不同的争议类型，各争议处理机构有明确的分工，提高了办案质量和效率。四是内阁赋予劳动争议处理部门较大的职权，使其具有权威性。

第六章

欧洲国家的工会与劳动雇佣管制：以俄罗斯为例

目前，俄罗斯国内最有影响力的工会组织是俄罗斯独立工联，它是苏联工会的主要继承者。21世纪初，俄罗斯独立工联共有会员3 000余万人，占俄罗斯境内各类所有制企业劳动者总数的45%，[①]约占俄罗斯总人口的21%。即使有俄罗斯劳动联合会（以下简称俄罗斯劳联）与全俄劳动联合会（以下简称全俄劳联）的竞争，作为俄罗斯境内最大的群众性组织，俄罗斯独立工联仍保持了庞大的组织结构，其下设120个成员单位，包括41个全俄与地区间工会组织。[②]

俄罗斯工会组织的地区性特征明显，跨地区工会在合法性和工作资源方面都得到了政府的支持。从《俄罗斯联邦工会活动保障法案》的内容看，俄罗斯境内的工会组织自上而下主要由工会联盟（全俄工会联合会）、联邦工会（区域间工会）、部门与地区工会（工会组织部门间、区域间联合会）、地区工会委员会（地区性工会组织）以及基层工会机构构成，劳动者可以自由选择任何合法工会作为其利益的代表组织，但要遵守所属工会及其上级工会组织的相关制度。

第一节　俄罗斯工会转型历程

俄罗斯工会的发展与改革可以划分为三个阶段：沙皇俄国时期、苏联时期和俄罗斯联邦时期。[③]关于俄罗斯工会发展与改革各个阶段的研究，特别是对苏联时期工会的研究资料已经很丰富，故本章只进行简单介绍，而将研究重点集中于俄罗斯联邦时期工会组织的改革与发展上。

---

① 彼得罗夫. 俄罗斯的工人运动和工会：问题与发展趋势 [J]. 高晓惠，译. 国外理论动态，2012（9）：94-99.
② 许艳丽. 转型期俄罗斯工会与社会领域的变化 [M]. 北京：社会科学文献出版社，2016.
③ 杨喆. 从俄罗斯对工会的研究看工会转型 [J]. 中国劳动关系学院学报，2013（3）：73-79.

一、沙皇俄国与苏联时期

俄罗斯的工会组织发源于沙皇俄国时期，在1917年俄国二月革命之前，由于受到沙皇政府的压制，整体上一直处于发展低谷。但是，沙皇政府迫于当时国内的劳工运动形势，仍然承认了"工会联合会"存在的既定事实与其合法性。沙皇俄国时期工会运动的主要成绩在于构筑了工会组织的基本结构与实施机构，在一定程度上限制了大企业家所代表的利益集团。

苏联时期的工会在地位、职能、性质以及行为特征等方面与中国计划经济时期的工会组织十分类似。苏联中央政府将中央政府、地方市政和其他权力机关的部分职能转交给了各级工会组织，并在苏联建国初期形成集中化趋势，全苏工会中央理事会（1917年形成）是其最高管理机关，在工会代表大会休会期间领导工会的全部活动。工会对国家的影响涉及劳动生产、社会保障、社会福利甚至教育、卫生等方面，直至苏联解体前，工会都是苏联管理体制不可分割的一部分。但是，高度集中的计划经济体制同样影响了工会的发展，苏联工会在后期官僚化特征十分明显，脱离实际、脱离群众，使其组织与社会基础受到严重影响。①

1985年，戈尔巴乔夫批评工会组织"态度消极""（对改革）不够主动"，甚至称其为"改革的阻力"，社会舆论对工会也多有批评，这些都促使苏联工会在1987年2月召开的第十八次全国代表大会上提出了在"转折时期"的方针和任务。苏联工会反思之前的错误，精简机构和人员，转变工作形式，苏联历史上第一部工会权利法（草案）也于1989年4月底发布。同时，在与政党和政府的关系方面，这一时

---

① 彼得罗夫. 俄罗斯的工人运动和工会：问题与发展趋势 [J]. 高晓惠，译. 国外理论动态，2012（9）：94-99.

期的工会组织开始强调独立和自立，注重工会与政党和政府的合作"伙伴"关系，明确工会要有独立的主张和立场。①

在 1991 年 12 月苏联工会成立"跨国工会中心"后，苏联工会在各成员国境内的作用与影响不复存在。俄罗斯独立工联逐渐成为俄罗斯境内最大的工会组织，由此开始了俄罗斯联邦时期以俄罗斯独立工联为主，各种不同规模、类型工会组织并存的时代。

二、俄罗斯联邦时期

俄罗斯联邦时期的工会发展基调是：适应社会经济的市场化转型，确定工会与政府、雇主及其代表组织的社会合作关系。在这一背景下，俄罗斯各级各类工会组织不再属于国家管理体制的一部分，独立性与自由性得到显著提升。俄罗斯另外两个影响力大的工会是俄罗斯劳联和全俄劳联。对于俄罗斯独立工联来说，除了面临其他非政府组织的竞争外，其自身改革的迫切性也是需要正视的问题。

俄罗斯独立工联改革的进程和内容与俄罗斯市场经济改革和政治体制改革密切联系在一起。一方面，为了应对市场经济体制下股份制企业、私营中小企业迅速发展造成的社会基础减弱、会员数量减少、工作负担加重等不利影响，俄罗斯独立工联在其自身难以克服诸多问题的情况下，转而寻求社会合作机制的帮助，在合法、平等、独立、相互尊重的基础上，从调整社会劳动关系的角度融入劳动者、雇主和国家的利益平衡中，力求在完善劳动报酬和社会服务体系、提振就业、鼓励培训以及优化劳动条件和劳动环境等方面保障劳动者的合法权利。另一方面，随着工会发展多元化影响的日益凸显，俄罗斯的工会组织也在努力克服社会分裂所带来的不利影响。俄罗斯独立工联作为俄罗斯境内规模最大的工会组织，在不同类型工会组织之间的合作

---

① 姜列青. 苏联工会演变概述 [J]. 国际共运史研究，1992（2）：13-18.

中显得尤为重要。俄罗斯目前采取的主要措施是通过工会联盟的形式促进各级各类工会组织的合作，在联邦中央设立代表大会，作为工会体系的最高权力机构，由各工会组织按比例选举构成，每5年选举一次。①

俄罗斯联邦时期的工会改革仍受制于传统工会运作模式的束缚。以俄罗斯独立工联为例，由于俄罗斯联邦仍未形成经常性的三方社会对话机制，俄罗斯独立工联开展的活动大多属于与雇主及其组织合作，在国家杜马进行政治游说等代表少数群体经济、政治利益的行动。与此同时，俄罗斯寡头资本主义在20世纪90年代的兴起与快速发展，极大地影响了俄罗斯的政治决策，②其中就包括劳工政策。如何克服寡头资本主义的不利影响、逐步实现劳资双方力量对比的相对平衡，是俄罗斯工会未来一段时期不得不考虑的问题。

第二节　俄罗斯工会改革面临的挑战

市场化改革的挑战是所有社会主义国家工会在转型过程中都会面对的问题。③在市场化改革中，工人是受到影响最早、最深、最直接的群体，他们对市场化改革的反应也是最强烈的。政府出于适应变革环境、维持政治稳定、促进经济发展的需要，也会对不同社会角色采取差异化的措施。因此，俄罗斯工会改革面临的挑战主要来自工人和政府两个方面。

---

① 许艳丽. 转型期俄罗斯工会与社会领域的变化 [M]. 北京：社会科学文献出版社，2016.
② 胡键. 俄罗斯经济转型：从寡头资本主义到人民资本主义 [J]. 东北亚论坛，2005（4）：65-69.
③ PRINGLE T, CLARKE S.The challenge of transition：trade unions in Russia, China and Vietnam [M]. London：Palgrave Macmillan，2011.

一、工人自主行动的挑战

工人自主行动对俄罗斯工会的挑战自苏联解体前至今一直存在，但是，在具体诉求与影响程度上有所差异。1989年以前的工人罢工都是小规模、非正式的，且都局限在单一地区或工厂中，行动范围和社会影响有限。工会的态度是以部分妥协、息事宁人为主，未给予太多重视。但是，1989年7月的全国性矿工罢工，是苏联成立以来境内规模最大、政治影响最为深远的罢工。当时，乌克兰的沃尔库塔、顿巴斯和哈萨克斯坦的卡拉甘达等矿区也都出现了工人直选的工作委员会或工会，主张与政府直接对话，并在经济权利诉求之外，提出了改变工人在自身工作、生活地区内的政治权利的要求。[①]当时的戈尔巴乔夫政府为了打击保守派，承认了这场罢工的合法性（苏联历任政府在此之前并未承认过任何罢工的合法性），并迅速出台了有关罢工的法律文件。到了1991年3月，苏联全国范围内的罢工活动达到了高潮。

这一罢工潮一直持续到俄罗斯联邦政府成立初期。1998年金融危机以后，俄罗斯经济由于初级工业产品（石油、天然气、金属原料等）价格的快速上涨而复苏。经济的发展和劳动力市场对劳动者技能需求的上升提高了工人在劳动力市场中的地位，促使工人开始关注自己的经济权利，并要求工会代表其发声，但是对政治权利的诉求与之前相比，出现了显著下降的趋势。2009年以来，俄罗斯工会发展面临的新挑战是基层工会的代表性问题。2009年，俄罗斯发生了约270次罢工，其中包括106次停工，绝大多数行动都没有基层工会参与，最后是以工厂外协商和劳动监察形式解决的。

---

① FAIRBROTHER C S，BORISOV M. The workers' movement in Russia [M]. Cheltenham：Edward Elgar，1995.

在考查俄罗斯（苏联）的工人自主行动给工会带来的挑战时，需要明确的是，热情高涨的工人和团结、有组织的工人运动并不意味着罢工活动能够长久持续，这是由维持（反对管理和传统工会的）直选工会的难度决定的。①1989—1991年，苏联在政治、经济、社会等领域的巨大变革为这一罢工潮提供了充足的政治、社会与组织空间，当俄罗斯联邦政府表现出发展经济、稳定政治的需求时，就会逐步压缩这些空间。而俄罗斯工会的后续改革也证明，对传统工会进行改良，比发展直选的、激进的工会更有利于社会经济的恢复与政治秩序的稳定。一方面，俄罗斯联邦需要继承苏联工会的衣钵，继续发挥其在社会保险管理、工作场所监测、改善劳动条件与加强劳动保护等方面的职能，以维护劳动力市场的稳定；另一方面，传统工会虽然没有直选工会的灵活、自主优势，但仍掌握大量的政治、社会资源，新的联邦政府需要传统工会将这些资源用于新政权的稳定与发展，而非支持国家杜马中的反对派。②

二、市场经济的挑战

俄罗斯经济的市场化改革曾一度让俄罗斯传统的工会组织面临失去工人代表性的问题，其影响力也受到了直选工会的冲击。但是，随着俄罗斯政治、经济秩序逐步回归正轨，无论是以独立工联为代表的继承苏联衣钵的传统工会，还是以独立矿工工会（Independent Miner's Union）为代表的兴起于政治变革时期的直选工会，都受到了来自政府市场经济政策的挑战。

---

① 这一部分在讨论由工人自发组建的工会时，选择了直选工会这一表述，而非国外学者习惯使用的替代性工会（alternative union）。原因在于俄罗斯的政治、经济秩序恢复稳定后，部分地区由工人自发组建的工会并没有体现出对传统工会很强的替代性特征，也没有相应的替代能力。其最显著的特征是工人直接选举代表组建工会的自主性与合法性。

② CLARKE S，PRINGLE T. Labour activism and the reform of trade unions in Russia，China and Vietnam [C]. NGPA Labour Workshop，2007.

独立工联在市场经济体制改革过程中受到的影响最为显著。一方面，其传统业务模式在市场化改革初期难以满足私营企业工人的需要，特别是在工资、工时、劳动保护等方面缺少维护工人权利的行动能力，使得工人入会的积极性不足。因此，独立工联的会员人数在21世纪初期减少了近一半，极大地削弱了其组织基础。另一方面，企业性质的改变动摇了其前身建立于国有企业中的组织基础，部分私营企业将工作机会与非工会会员身份挂钩，在20世纪20年代发源于美欧等国家的"黄狗契约"又出现在了俄罗斯的市场化改革进程中。独立工联在成立初期缺少来自政府的全力支持，且其自身代表性和行动能力不足，因此难以采取有效的应对措施。

虽然直选工会一向致力于采取更激进的行动，一直在挑战传统工会的地位，但是，直选工会始终无法利用传统工会的被动地位而使自己成为一股有效的力量。例如，独立矿工工会和社会主义工会协会（Association of Socialist Trade Unions，Sotsprof）面临的问题是发展空间受限。独立矿工工会虽然在苏联政治变革时期得到了叶利钦政府的支持，但是在之后的经济体制改革进程中发展缓慢。原因之一就是政府为了促进经济发展，在企业原始积累不足的情况下，势必在劳资博弈中向企业倾斜。独立矿工工会开始走向衰落的标志是俄罗斯政府在与世界银行的天然气产业谈判过程中没有考虑其提出的要求，这使得原本依靠政府得以生存的独立矿工工会丧失了政治上的支持。同时，其在资金方面也失去了自主性，不得不依靠美国劳联-产联（AFL-CIO）资助的俄美基金（Russian-American Fund）。[①]与独立矿工工会情况类似的还有社会主义工会协会。由于俄罗斯政府转变了政治、经济政策，社会主义工会协会在1992年失去了三方委员会中的席位，

---

① PRINGLE T，CLARKE S.The challenge of transition：Trade unions in Russia，China and Vietnam［M］. London：Palgrave Macmillan，2011.

其在与企业管理层进行谈判时失去了政治影响力。此外，由于私营企业数量增加，众多直选工会开始在发展会员时恶性竞争，这也加剧了直选工会之间的紧张关系。

比较传统工会与直选工会可以发现，传统工会与直选工会在市场经济体制改革过程中面对的挑战有本质的区别。以独立工联为代表的传统工会面对的是市场的直接冲击，需要解决的是工会的代表能力与行动能力问题，但是其自身的生存仍可以借助苏联工会留下的资源而得到保障。直选工会虽然从成立初期就适应了竞争与生存的压力，但是在市场化条件下，失去政治支持后的生存问题并不是其依靠竞争能力就能够解决的。

三、政党政治的挑战

从政治上讲，（俄罗斯）工会并不是一支团结的（政治）力量。[1]政党政治的挑战是俄罗斯独立工联在成立初期面临的最大考验之一。俄罗斯独立工联下属的分支工会既代表石油、天然气、冶金等相对繁荣行业的工人，也在为卫生、教育及其他公共部门的劳动者争取利益，但是因为不同行业之间的工资水平、就业机会等差距过大，独立工联内部的声音是不一致的。这些分歧使得独立工联无法形成统一的政治力量，它试图在选举中与中左反对派结盟的努力也没有成功。[2]当独立工联最初支持的祖国联盟在 1999 年国家杜马选举中失败后，它别无选择，只能支持普京的总统候选人资格。在统一俄罗斯党赢得了 2003 年的选举后，独立工联与执政党结盟的迹象越来越明显，它不仅掌握了在社会保险等相关劳动领域的管理、监督权力，还促使

---

① CLARKE S, PRINGLE T. Labour activism and the reform of trade unions in Russia, China and Vietnam [C]. NGPA Labour Workshop. 2007.

② CLARKE S. Russian trade unions in the 1999 Duma election [J]. The Journal of Communist Studies and Transition Politics, 2001, 17 (2): 43-69.

俄罗斯联邦政府逐步向其转移其他劳动领域的国家权力。

事实上，独立工联在成立时的初衷是保持自身独立于政党政治之外，避免执政党或在野党对工会行动的不合理影响，充分利用民主政治和自由市场的外部环境，并借助与国际工人组织的自主、自由合作，最终建立自身在俄罗斯工人运动中的独立、领导地位。因此，如何保证自身行动在与政党合作中的独立性、自主性成为独立工联在借助政党力量时不得不考虑的问题。21世纪初期，独立工联的会员人数减少了将近一半，且经济复苏缓和了原本紧张的劳资冲突，国家杜马中的反对派影响力也日益衰落。这些因素综合起来，使得执政党对工会地位与作用的认识发生了变化，独立工联与政府的合作越来越难以找到契合点。2004年，俄罗斯联邦政府改革劳动部之后，劳动部的剩余职能被移交给了当时的卫生部，独立工联失去了政府中的合作者，不得不转而进行自身代表能力改革，将工作重点放在了基层工会建设上，以工作场所工会改革证明其存在、行动的合理性。[1]

第三节　俄罗斯工会应对改革挑战的措施

苏联传统工会在政治、经济、社会变革过程中，面对日益市场化的劳动关系及劳动者新的利益诉求，反应谨慎且消极。这在促使工人采取激进行动并组建了直选的工人委员会或工会的同时，也在倒逼传统工会采取行动，应对直选工会的挑战。这一行动延续到俄罗斯工会目前的改革进程中。

---

① CLARKE S. Russian trade unions in the 1999 Duma election [J]. The Journal of Communist Studies and Transition Politics, 2001, 17 (2): 43-69.

一、以法律强化工会地位

首先，在国家层面的劳动法律中，《俄罗斯联邦劳动法典》自2001年经俄罗斯国家杜马通过并得到联邦会议批准后，经历了十余次修订，赋予工会组织的权力主要分为国家层面、部门层面与员工个人层面三个部分。在国家层面，赋予的权力集中于劳工立法监督、三方协商机制建设、与其他部门的协作、工会自身组织建设以及集体行动权限等方面，并明确了自联邦至跨地区、地区内、部门（含跨部门）以及自治地方的各层级工会在社会合作机制中的地位与作用；在部门（企业内部）层面，赋予的权利表现在经营主体内部制度建设、劳动定额的确定与更改、集体合同与集体谈判等方面；在员工个人层面，赋予的权利则更为详尽，主要包括确保员工代表在组建与加入工会、部门管理、集体谈判、劳动事故调查、聘用与解雇、员工个人信息管理等方面的权利。

《俄罗斯联邦劳动法典》还在2006年的修正案中以独立章节的形式明确了工会对员工劳动权利和合法利益的保护内容，主要包括以下九个方面：

（1）工会监督劳动法和包含劳动法规范的其他规范性法律文件的遵守以及集体合同、协议条款履行的权利；

（2）雇主听取工会机关的意见作出决定；

（3）通过内部规范性文件时听取单位基层工会组织选举机关意见的程序；

（4）根据雇主的提议解除劳动合同时听取单位基层工会选举机关附带理由的程序；

（5）对成为工会组织委员会选举机关的成员且不脱离基本工作的员工的保障；

（6）对脱产的工会员工的保障；

（7）保障作为工会选举机关成员员工的劳动权；

（8）雇主为基层工会组织选举机关开展活动创造条件的义务；

（9）侵犯工会权利的责任。

其次，在对应工会具体业务时，《俄罗斯联邦工会活动保障法案》与《中华人民共和国工会法》类似，在工会的基本权利、义务以及保障条款等方面规定了俄罗斯境内各级各类工会组织的活动范围与内容。这里不再赘述其与我国对工会的规定相类似的内容，而是主要介绍《俄罗斯联邦工会活动保障法案》对俄罗斯工会的相关规定中较为突出的几个方面。

俄罗斯的工会组织在其活动过程中具有自主涉外交流的功能，涉外交流不受限制。《俄罗斯联邦工会活动保障法案》在对工会"统一权"的规定中，允许工会自行开展涉外交流活动，规定"（俄罗斯）国内的工会组织有权与其他国家的工会合作，签订协议或加入联盟、协会及组织等""禁止公共当局、地方政府及其官员干涉工会的活动，因为这些活动可能导致对权利的限制"，且在"侵犯工会权利的应负责任"部分明确规定"政府官员、地方政府官员、雇主及其联合会（工会、协会）官员会因违反工会法而被起诉，并承担联邦法律规定的纪律、行政、刑事责任"。这实际上是通过法律形式强制确立了工会对外交流过程中的独立、自主地位，在一定程度上可以视为对20世纪90年代俄罗斯工会独立发展趋势的延续。

俄罗斯工会还可以通过基层工会组织之下的毛细组织发挥作用。《俄罗斯联邦工会活动保障法案》在明确"工会由劳动者自愿加入"的基础上，"在基层工会组织的结构中，可以根据各自的章程成立车间工会组织、工会团体或其他组织单位""俄罗斯联邦各主体的法律不能限制工会的权利"。允许基层工会组织之下发展、建立工会组织的毛细结构带来的直接效果就是在俄罗斯境内的部门、组织或企业无权阻止劳动者自发组建工会（或相关团体）并开展活动，基层工会及其毛细组织的自主性与活动能力得到了保障。与其他劳工非政府组织相比，其竞争能力更强，更能为不同类型的劳动者提供多样性、针对性的保障。

二、社会合作机制中的工会转型

社会合作机制兴起于20世纪中期，是建立在协商一致基础上解决社会劳动关系领域相关问题的实用主义方法，本质是在法律框架内由矛盾各方和代表不同利益集团的主体相互牵制、妥协的过程。虽然俄罗斯的社会合作机制并未完全建立起来，作用的发挥也不尽理想，但是在劳动报酬、劳动条件与劳动保护、休息休假制度等方面正在逐步改善俄罗斯劳动者的生存境遇。①因此，在考虑俄罗斯工会的作用发挥时，不仅要明确社会合作机制中俄罗斯工会的角色与职能，还要了解《俄罗斯联邦劳动法典》与《俄罗斯联邦工会活动保障法案》对各级各类工会组织权利与义务的规定。

自20世纪90年代起，俄罗斯的工会组织不再是俄罗斯国家管理体系的组成部分之一，俄罗斯独立工联也丧失了其服务劳动力市场的垄断性代表渠道，这也促使俄罗斯工会开始探索如何通过社会合作途径实现其职能。俄罗斯工会在社会合作机制中的作用除了通过传统的集体合同、集体谈判、罢工行动等体现出来之外，还通过参与相关社会标准的制定与修改体现出来。

在传统的集体谈判领域，俄罗斯工会参与的社会合作分为六个层

---

① 俄罗斯的社会合作机制与我国的"三方机制"类似，不同之处在于其在确定劳资双方的权利、义务之外，也明确了双方在稳定经济发展、居民就业、社会保障等方面的共同责任，包括劳动领域之外相关社会标准的制定。后者（特别是社会标准的制定）是国内的"三方机制"目前所不具备的。

次，①分别是联邦层级（国家层面）、地区间层级（各联邦主体间）、地区层级（联邦主体）、部门层级（经济部门）、市县层级以及社会组织层级。在各个层级，主体的法律地位是平等的，围绕劳动报酬、促进就业、劳动条件、劳动保护、工时休假以及福利保障等方面开展活动。在这一领域，俄罗斯工会的一个显著特征是通过组建自己的劳动监察部门实现对劳动者合法权利的维护。这一形式在《俄罗斯联邦工会活动保障法案》中通过"工会有权设立自己的劳动监察局，这些监察局有权根据《俄罗斯联邦劳动法典》和工会通过的相关条例行使规定的权力"予以确立。

在社会标准的制定与修改方面，俄罗斯工会除了要保护会员的权利外，还要参与维持政治与社会秩序稳定、促进经济民主化进程发展、②宣传劳动力价值、调节国家-劳工关系、保护生态环境等方面的工作。社会标准是俄罗斯确定国家社会经济发展方向的主要工具，工会组织参与社会标准的制定与修改，可以理解为工会组织在失去服务劳动力市场的垄断性代表渠道之后，在保障劳动者合法权利的过程中除立法参与及监督之外的另一种尝试。

此外，虽然俄罗斯独立工联失去了苏联时期由政府支持的庞大权力和影响力，但是在部分劳动领域仍保留了监管职能。在俄罗斯联邦政府中，独立工联通过参与国家杜马和其他国家机构，在劳动力市场规则的形成过程中仍然发挥了不可估量的影响力。例如，俄罗斯独立工联自1996年至今一直有权参与国家社会保险基金的管理，对于医疗保险、养老保险和其他劳动领域相关基金的支付也有监督权。

① 许艳丽. 转型期俄罗斯工会与社会领域的变化 [M]. 北京：社会科学文献出版社，2016.
② 经济民主化进程是与俄罗斯自20世纪90年代兴起的寡头资本主义相对而言的。工会组织参与推进经济民主化进程，实际上是在俄罗斯求实现人民资本主义的过程中为获得自身的一席之地所作出的努力，其中当然有出于保障劳动者合法权利这一本职工作的考虑，但是在俄罗斯工会市场化改革背景下，经济民主化的实现势必有利于俄罗斯工会实现经济独立，其中最大的受益者是继承了苏联工会衣钵的俄罗斯独立工联。

三、在司法体系中扩展活动空间

俄罗斯劳动法保留了苏联的大部分劳动保护机制，但是，就像在苏联时期一样，它也被管理层有计划地藐视，而违反劳动法的行为通常会得到（传统）工会的"谅解"。[①]20世纪90年代中期以后，传统工会面对直选工会的挑战，开始积极地参与劳动法律的立法与执法过程，并将法律行动视为对工人集体行动或与政府直接对抗的一种替代手段。目前，以法律形式保障其会员的利益，已经成为俄罗斯独立工联较为成熟的维权措施，且融入了其下属的地区或行业工会中。同时，俄罗斯独立工联还通过聘请维权律师、建立法律咨询中心等形式为工人提供法律援助。

通过法律手段解决集体劳动争议具有严重的局限性。一方面，法律诉讼使纠纷个性化和碎片化，而且没有关于集体或"集体诉讼"的规定；另一方面，法律诉讼是一个非常漫长的过程，通常包括漫长的、拖沓的听证会和向更高一级法院的反复上诉。[②]在极少数情况下，俄罗斯独立工联及其下属工会也会组织罢工或其他集体行动，但是，这种行动往往没有经过法定审批程序，而且会促使新的直选工会出现，反过来又会对独立工联的行动产生不利影响。因此，利用现有的劳动法律扩展自身的行动空间，既有利于维护工人在工资、工时、福利等方面的权利，也能够使传统工会在不改变组织结构与权力关系的前提下提升行动能力。

此外，虽然传统工会在很大程度上能够在司法过程中发挥其作用，但是这并不意味着俄罗斯的工会组织是控制工人的工具。一方

---

① CLARKE S. Russian trade unions in the 1999 Duma election [J]. The Journal of Communist Studies and Transition Politics, 2001, 17（2）: 43-69.
② PRINGLE T, CLARKE S. The challenge of transition: trade unions in Russia, China and Vietnam [M]. London: Palgrave Macmillan, 2011.

面，俄罗斯工会不像在苏联时期那样拥有等级森严的纪律和命令权力；另一方面，没有证据表明以俄罗斯独立工联为代表的传统工会阻挠过罢工。这是由市场经济体制改革对工会发展的要求决定的，即俄罗斯经济融入的是全球化的经济体系，而非某项特定的政府政策。在这一背景下，工会作用的发挥需要一个既体现工人诉求又符合市场规律的劳动雇佣管制框架，在这个框架中，工会可以与雇主就其会员的雇佣条款和相关条件进行谈判，以更加平和、更具效率的手段维护工人的利益。

从总体上看，俄罗斯的传统工会一直受到来自内部和外部的改革压力。一方面，直选工会虽然弱小，但是它以工人直接的利益表达迫使传统工会作出回应，以证明传统工会仍有存在的合理性与必要性；另一方面，传统工会需要在政治、经济、法律空间内寻找符合自己的新角色，以减少对政党或其他外部力量的依赖性。俄罗斯独立工联自成立以来一直面对这些压力，也在不断地作出回应，但是俄罗斯工会的改革仍是一个非常缓慢和漫长的过程。

第七章

非洲国家的工会与劳动雇佣管制

在"一带一路"倡议中，非洲是不可或缺的重要区域。①中国和非洲的合作有着悠久的历史，可以追溯到郑和下西洋时期，而且非洲北部和东部地区都曾是古丝绸之路的重要驿站。改革开放以来，中国与非洲的双边合作愈加紧密，从2000年开始举办中非合作论坛，到2013年提出"一带一路"倡议，再到2024年发布《中非合作论坛——北京行动计划（2025—2027）》，将中非合作提升到新的高度。非洲作为深化实施"一带一路"倡议的重点区域，在现实意义上，有助于非洲国家了解和借鉴中国的发展经验；在地理意义上，非洲是"一带一路"倡议规划路线的自然延伸区域，有着良好的地理条件。②随着全球治理体系的发展和国际秩序变革的加速，中非共同利益在扩大，彼此间的需求也在逐渐增加，中非合作具有重大的意义并且前景广阔。③

第一节　研究非洲国家工会的意义

随着中非合作日益紧密，中国在非洲的投资也飞速增长，并且连续15年保持非洲第一大贸易伙伴国地位。2023年，中国对非洲投资总额为39.6亿美元，比上年增长118.8%。④中国在非洲投资涵盖了自然资源开采、基础设施、水利水电、纺织品等领域，给非洲提供了更多的就业岗位。在过去3年中，中国企业为非洲创造了110多万个就业岗位。⑤在非洲投资的中国企业中，民营制造企业正在成为其中的

---

① 王南. 非洲："一带一路"不可或缺的参与者 [J]. 亚太安全与海洋研究，2015（5）：97-109；128.
② 贺文萍. "一带一路"与非洲的跨越式发展 [J]. 开发性金融研究，2018（1）：81-85.
③ 李新烽. 中非关系与"一带一路"建设 [J]. 求是，2019（8）：66-73.
④ 中华人民共和国商务部，国家统计局，国家外汇管理局. 2023年度中国对外直接投资统计公报 [M]. 北京：中国统计出版社，2024.
⑤ 佚名. 开启中非共逐现代化之梦新征程 [EB/OL].（2024-09-05）[2024-12-06]. http://www.news.cn/world/20240905/3130e22e85a5493e9394af6a192a863d/c.html.

主力军，非洲当地工人的比例占到89%。但是，中资企业在非洲的本地化运营中也遇到了各种问题，其中以劳动关系治理问题最为突出。例如，2015年11月至2016年2月，坦桑尼亚友谊纺织厂连续发生多次工人暴力罢工事件[①]；2019年3月，广东东坚集团埃塞俄比亚工厂发生了大规模罢工事件。这些劳资冲突不仅影响了在非洲的中资企业的正常运营，而且给中国的形象带来了很大的损害。

在适应非洲当地的劳动雇佣管制方面，中资企业普遍存在一些问题，其共同点是低估了东道国劳资关系管理的重要性，并且对于当地工会的运行了解不够，对于突发性的劳资冲突没有足够的准备。[②]所以，了解非洲国家工会的概况及工会在劳动雇佣管制中的作用，对于在非洲投资的中国企业来说具有重要意义，这有利于中资企业更好地处理在当地的社会治理问题。

由于非洲地理区域广阔，不同地区、国家之间存在很大的治理差异，本部分我们先介绍非洲国家工会的整体概况，然后选取坦桑尼亚、肯尼亚、南非三个国家的工会作为分析对象，来分析非洲国家工会的发展历程、现状及对劳动雇佣管制的影响。选取这三个国家有两个理由：其一，这三个国家的政局长期以来比较稳定，相较其他非洲国家，有较稳定的投资环境；其二，这三个国家与中国来往密切，双边合作发展较快，从而更具有分析的现实意义。另外，通过分析我们发现，这三个国家的工会运行有其差异性，工会扮演的角色和性质也不相同，但是，它们的工会发展和反殖民自由化斗争密不可分，同时在劳动关系治理中都是比较激进的一方。

---

① 祖晓雯. 非洲员工暴力讨薪 "中非友谊象征"艰难转型 [EB/OL]. (2016-03-09) [2022-04-15]. http: //news.sohu.com/20160309/n439841944.shtml.

② JOHNSTON L A. Boom to cusp: prospecting the "New Normal" in China and Africa [M]. Canberra: Austrilian National University Press, 2015.

第二节　非洲国家工会的转型与作用

非洲国家工会最初是反殖民自由化斗争的重要推动力，在非洲国家独立后转变为执政党和政府的"传动带"（transmission belt），在非洲政治转型过程中是民主运动的主要力量。为了获得稳定的地位，非洲国家工会以放弃基本自由作为交换，为其会员谋得工作，并为其领导提供特权。但是在20世纪80年代，非洲国家的债务危机和随之而来的经济自由化导致正式经济中的大量失业和工会成员人数的急剧下降。更糟糕的是，许多政府开始改革相关劳动法律，很多条款对工人极为不利。同时，在一些非洲国家，政治自由化打破了已有的工会与政府的密切依赖关系，为新的、独立的工会出现创造了一定的政治空间，甚至在废除独裁政权方面起到了决定性作用。

虽然现在非洲国家工会力量相当薄弱，它们影响工资和工作条件以及保护工人权利的力量遭受了巨大的创伤，但是，外国投资正在重新注入，这为当地工会组织创造了新的机会。最重要的是，在许多非洲国家中，工会仍然是一支有分量的政治力量，是非洲各国少数几个拥有相当大的选区、具有全国性结构的社会组织之一，工会还能动员其会员参与社会或政治事务。这些都塑造了非洲国家工会"软弱却令人害怕"的形象。

一、非洲国家工会的发展历程

非洲国家工会与政治运动紧密结合在一起，超越了传统工会的活动范畴，代表了工人更广泛的社会利益。在这一部分，我们按时间顺序介绍非洲国家工会的发展，分别是殖民时期的工会、独立后的工会和政治转型中的工会。

（一）殖民时期的工会

19世纪下半叶，工会作为一种新型组织形式，在欧洲工业化过程中出现。工会首先是在贸易或经营领域的高技能工人（如印刷工）中出现的，后来在进行大工业生产的工人中迅速发展，逐渐成为更全面的组织。但是，在殖民地的非洲国家，工会的发展并不是这样的。除了少数例外情况（如突尼斯、南非、塞拉利昂和冈比亚的英国殖民地），非洲大部分国家在第二次世界大战期间或战后才开始成立非洲工人工会。在缺乏重要制造业的情况下，非洲的工会主要出现在公共服务业和公共运输业，主要面向教师、铁路工人和港口工人。例如，在坦桑尼亚，首先出现的是乞力马扎罗汽车司机协会、坦噶尼喀非洲公务员协会和商店助理工会；在肯尼亚，首先成立的是非洲公务员协会和铁路非洲工人协会。

第二次世界大战后，非洲国家工会的成立得到了殖民政府的允许，而且经常得到殖民政府的公开支持，殖民政府认为这是维持社会和谐的一种手段。在非洲，不同的殖民地国家分别引入了不同的工会模式。比如，英国的殖民地根据"工会类型"成立了工艺工会、工业工会和一般工会、内部工会和员工协会等工会；而法国的殖民地则成立了共产主义、社会主义等政治取向不一的工会。①与此同时，非洲国家工会受到殖民地国家的控制，其活动和运行受到很大的限制。殖民政府试图通过立法来规范工会的组建和运行，以平息劳工骚乱和维持社会稳定。例如，为了消解坦桑尼亚工人运动，英国殖民政府通过颁布《工会条例》赋予工会登记官很大的权力，以控制工会。②

---

① SCHILLINGER H.Trade unions in Africa：weak but feared ［R/OL］. （2005-03-01）［2022-04-15］. http：//library.fes.de/pdf-files/iez/02822.pdf.
② BABEIYA E.Trade unions and democratization in Tanzania：end of an era？ ［J］. Journal of Politics and Law，2011（1）：3358-3364.

第二次世界大战结束后，非洲国家的政治运动迅速兴起，工会运动也随之高涨。非洲工人对恶劣的工作条件发起反抗活动，从最初的请愿书、个别抗议等方式，逐步演化为大规模的罢工。20世纪40年代后期，非洲国家工会的数量逐渐增加，其组织能力在连续的工会运动中不断加强，许多积极抵抗殖民主义的力量也已经准备到位。

20世纪50年代到60年代是非洲国家工会运动历史上最活跃、最具革命性的时期。随着对殖民统治的反抗不断增强，非洲国家工会很快从欧洲中心解放出来。工会作为当时非洲最重要的群众组织，在民族解放斗争中往往占有举足轻重的地位，这也决定了非洲国家工会在社会政治发展中的地位。然而，在这场斗争中，工会的行动通常是民族解放运动的重要一环，在许多情况下，工会必须通过抗议行动和政治罢工来加速变革。

总的来说，在殖民统治时期，非洲国家工会的初始目标是改善会员的经济利益，但是在争取国家独立的斗争中，工会发挥了至关重要的作用。这个时期对非洲国家工会产生了重大影响，一方面，殖民者（主要是欧洲国家）开始扶持工会，并且引入欧洲的劳动法律法规，这也导致非洲国家工会与其他第三世界国家的工会相比，出现得更早、也更成熟，劳动法律法规也更完善；另一方面，非洲国家工会作为反殖民统治运动的重要组成部分，在反抗运动中得到了历练，这也使得非洲国家工会具有激进性和社会运动工会主义的特征。

（二）独立后的工会

在非洲国家纷纷独立后，非洲国家工会没有了民族斗争的目标，其面对的主要问题是如何处理与政府的关系。独立运动后，非洲绝大部分国家形成了正式的或事实上的一党制，非洲国家工会几乎没有自由和独立的运动空间。从恩克鲁玛统治下的加纳开始，非洲国家工会进入统一和政治屈服的时期。在此期间，工会自愿或通过"被劝说"

的方式退化成为执政党的官方劳工组织或传动带。

为了换取（潜在剥夺）工会的权力和自由（如结社自由、集体谈判权、罢工权），各非洲国家政府制定了最低工资和影响深远的就业保障等政策，公共部门创造了新的就业机会，通过实行"结账制度"（工会会费自动扣除和转移）加强了对工会资金的控制。同时，工会的领导经常被政府给予仕途上的有利可图的职位和机会，从而极大地削弱了工会的独立性。

尽管如此，在赞比亚、加纳和尼日利亚等国家，工会还是成功地经受住了各自国家政权的同化和吸收，并没有成为政府的传动带，而且并非所有地方的政治控制都能达到部门或行业工会的水平。另外，虽然有些国家控制了工会中心组织，但并非所有工会都支持执政党。例如，肯尼亚中央工会组织的一些成员并不赞同工会成为执政党的同盟，所以在1991年12月，就有15个工会宣布脱离中央工会组织，其中包括邮电工会、石油工会、运输联盟工人工会等一些力量较强大的工会组织。①

直到20世纪80年代，非洲经济发生结构性调整，国家权力与工会的政治附属关系才开始松动。当时，大多数非洲国家政府都被迫采取措施以应对债务危机，包括减少公共服务支出和人员、关闭或抛售亏损的国有企业，以及进口自由化。这些措施导致大量工人失业，持续的高通胀又使正规部门的实际工资下降，极大地影响了传统的工会选区。结果就是经济危机不仅破坏了政治结构，还导致了工会内部的动荡，工会成员严重流失，工会领导人被证明无法带领工会摆脱困境。

从非洲国家独立到20世纪80年代末，非洲国家工会呈现出两种

---

① CENTRAL ORGANIZATION OF TRADE UNIONS. History of COTU（K）[EB/OL].
[2022-06-10]. https://cotu-kenya.org/history-of-cotuk/.

截然不同的发展路径：大部分非洲国家的工会与国家权力保持着政治附属关系，间接受到执政党的控制，丧失其独立性；而另外一些非洲国家的工会则保持独立，并且通常采取激进的罢工运动来保障工人的利益。但是，从总体上来说，无论是政治因素还是经济因素，这个时期的非洲国家工会力量都被削弱，工人的权利都被侵蚀。

（三）政治转型中的工会

20世纪80年代末90年代初，反对独裁和管理不善的非洲民主运动逐渐兴起，很多国家已有的政治体系发生破裂。许多非洲国家工会发动了大规模的抗议和罢工，助力推翻旧威权主义政权，开启了向民主社会的过渡。

在赞比亚，工会率先发起了反对运动——多党民主运动（MMD）。在刚果、布拉柴维尔、尼日尔、马里等国，工会宣布独立于执政的单一政党，随后在向多党民主过渡的过程中发挥了重要作用。在一些非洲法语国家，政治自由化导致工会运动内部分裂，独立工会和竞争性工会联盟开始出现。

南非经常被认为是体现工会在政治转型过程中重要性的完美例子。南非工会大会作为执政联盟中的主要成员，极大地影响了纳尔逊·曼德拉领导的新政府政策。例如，曼德拉政府于1994年发起的"重建与发展计划"（RDP）就是接受了南非工会大会的宗旨和目标。在争取黑人工人利益、解决贫困和不平等、促进就业等方面，南非工会大会发挥了积极的作用，并推动了政府在劳动保护方面的立法。然而，从1996年起，在执政党的政治统治得到巩固之后，这种影响逐渐消失。如今，这种关系的特点是同盟伙伴之间持续的紧张关系。与南非政府的经济政策、艾滋病政策以及外交政策相比，劳工政策越来越不受重视。

津巴布韦是另一个强调工会在争取民主和自由的斗争中极为重要

的国家。在津巴布韦，工会领导了抗议活动，后来又发起了反对运动。这场运动自20世纪90年代末发起，旨在用民主手段取代穆加贝政府。2000年年初，工会联合会和其他组织成立了一个新的反对党——民主变革运动（Movement for Democratic Change，MDC），并于2000年6月在议会选举中赢得了近一半席位。在2002年的总统选举中，民主变革运动的候选人获得了42%的选票，他们为争取新的民主而进行的斗争仍在继续。

21世纪初，尼日利亚也经历了一次前所未有的工会政治化。尼日利亚劳工大会（Nigeria Labour Congress，NLC）反对国家取消补贴导致汽油价格上涨，并组织了几次大规模的罢工。这也导致了一个工会支持的政党——工党的成立。

总的来说，在非洲国家政治转型过程中，民主化运动使工会具有了激进特性。虽然在民主政治中，工会与政府形成了同盟伙伴的关系，但是，当面临经济和社会发展问题而出现理念差异时，这种关系就会逐渐弱化，甚至持续紧张。特别是在政治稳定时期，由于工会往往是激进派，政府大多持忌惮和防备的态度，非洲国家工会就会被削弱、同化或压迫。

二、工会在劳动雇佣管制中的作用

与其在政治上的作用相比，非洲工人组织在传统劳动关系领域（提高工资和改善工作条件、工作保障、社会政策）的影响相对较弱，特别是相对于发达国家的工人组织而言。非洲国家工会在劳动雇佣管制中的作用主要表现在以下三个方面：

一是在国家层面推动有关保护劳工权益的法律和政策出台。在不同的非洲国家，工会与政府的关系有很大的差异，这也导致不同国家的工会影响劳动法律政策出台的路径不同。当工会与政府是社会合作关系时，工会参与制定与劳工权益相关的政策法规，或者具有极大的建议权；当工会与政府是附属关系时，工会主要采用呼吁的方式来影响政府政策；当工会与政府是对立关系时，工会主要采取博弈斗争的方式，通过施加政治压力与政府形成对抗，迫使政府修改或维持劳动法律法规。

二是在行业和组织层面代表工人维护和争取权益。在维护和争取工会会员权益时，非洲国家的工会一般通过集体谈判向雇主反映会员的诉求，但是，非洲国家的工会在集体谈判中的影响力较弱。在非洲大多数国家，集体协议在确定工资和工作条件方面起着从属作用。除南非外，几乎不存在分支级或集中谈判，只有有限的"议价自主权"。通常情况下，集体协议需要得到主管部门的事先批准才能生效，或者像坦桑尼亚那样，需要得到工业法庭的批准；当然，工业法庭也可以损害该国经济福祉为由拒绝这些协议。另外，非洲国家的集体谈判覆盖率普遍偏低，很多非洲国家的集体谈判覆盖率不到1%。

除了集体谈判方式之外，工会也会采用抗议、罢工等更激进的方式来维护会员的权益。非洲大多数罢工是为了工作安全以及薪资待遇，主要发生在制造业、建筑业、能源行业等劳动密集型部门。罢工权在许多非洲国家是存在的，然而，由于复杂的规则和烦琐的程序，支持工会要求的符合法律规定的罢工几乎是不可能的。另外，非洲各国的高失业率使每一份正式工作都成为一种特权，它将工人的斗争精神限制在一个被容忍的范围内。即使工人需要容忍的是实际工资的巨大损失、恶劣的工作条件和不断下降的权利保护，他们也不会拒绝这份工作，这就限制了工人的罢工意愿。

三是在个体层面通过培训等方式提高工人的技能。教育和培训作为提升工人素质的主要方式，是非洲国家工会的常规职能。在肯尼亚，工会认为工人教育是工会能力建设的工具，通过教育，可以使工人应对新的挑战，并对工会有更深入的了解；同时，还能使工人掌握民主参与社会变革的方法。培训大多是由雇主资助的，因为这往往在集体协议中有明确的规定。通过不断的教育和培训，工人可以用创新的方式来应对更多的新问题，如经济裁员、传染病毒（如 HIV/AIDS））的影响等。

受限于非洲国家工会的组织能力及资金数量，大部分非洲国家工会开展的培训和教育活动比较有限。培训内容集中在职业健康、职业安全、劳动法和劳动标准，以及一些入门级技能和知识等方面。但是，非洲国家工会在培训和教育上更容易争取到外部机构的支持，比如国际劳工组织、国际自由工会联合会、全球工会联合会等国际组织。这些外部机构会在职业健康和安全能力、劳工权利、谈判技巧和其他领域的能力建设上为非洲国家工会提供资助。

总体来说，非洲国家工会在雇佣管制中的作用较小，非洲国家工会正在进行一场艰苦的战斗。由于正式就业的持续下降和会员的不断流失，非洲国家工会本来就很弱的经济实力正在进一步被削弱。此外，非洲国家工会影响政策制定的政治可能性也在对劳工不友好的政策环境中被重塑，这是以国家间金融机构的新自由主义理论为标志的。此外，非洲国家工会经常存在严重的内部问题，如严重的财政问题和管理问题。

三、工会建设与外部支持

由于非洲地理区域广阔，不同国家、地区之间的工会存在很大的差异。在加纳、肯尼亚、尼日利亚和南非等国家，工会在规模、公众知名度和保护其会员的能力等方面较强，在政治和经济领域扮演着重要的角色；在利比里亚、莫桑比克等国家，工会的力量仍然非常薄弱，工会运动能力有限，工会运行在很大程度上依赖政府的力量；在斯威士兰，政府则明显对工会怀有较强敌意，工会的合法性仍然得不到承认。①

根据国际劳工组织的相关数据，从工会密度的数值来看，非洲国家可以分为两类：一类是工会密度较高的国家，包括南非、坦桑尼亚、加纳、毛里求斯、赞比亚等，这些国家的工会密度高于20%；另一类是工会密度较低的国家，包括喀麦隆、莱索托、马拉维、津巴布韦等，这些国家的工会密度低于10%。

在国家层面，许多工会在某种程度上比过去更重要了，可以依靠政府的支持，也可以依靠国际组织的捐助。国际工会组织，如国际自由工会联合会、全球工会联合会以及相关机构都给予非洲国家工会各种支持。虽然正式的捐助主要资助与工会教育和培训有关的活动，但实际上，在许多情况下，工会部分全职工作人员的薪金筹措也依赖这些资助。

非洲国家工会的内部结构往往不够合理，它们更多地聚焦组织自身的生存，而不是服务会员。这些工会的特点是低水平的工会内部民主和问责制，在某些情况下会被怀疑合法性。此外，在政治晋升的诱惑下，还会出现工会领导人与基层工作场所的分离。

在非洲许多国家，工会组织在同一部门的内部分歧或竞争进一步削弱了劳工运动的成果。过去的政治自由化肯定有利于工会团结，但是也促使部分力量负面发展，并在一定程度上反映了上述工会内部缺陷。通常情况下，工会内部的组织管理也被工会领袖的个人意愿打上深深的烙印。

非洲同世界上其他地方一样，妇女和年轻工人在工会组织和领导职位上的代表性仍然不足。然而，近些年来，非洲劳动力市场结构正

① MINTER W. African trade unions and Africa's future: strategic choices in a changing world [R/OL]. (2014-07-15) [2024-12-05]. https://www.solidaritycenter.org/african-trade-unions-and-africas-future-strategic-choices/.

在发生变化，只是在很大程度上仍然没有被大家注意到而已。不仅是南非的工会，而且在其他一些以英语为主的国家（如加纳、尼日利亚、赞比亚、津巴布韦或坦桑尼亚），新一代工会领导人越来越多，有些已经走上重要领导岗位。

四、工会与非正规部门

总体来说，非洲国家工会会员数量在减少。[①]非洲国家工会组织目前主要从非正规部门的工人队伍中招募会员，而不是从传统正规部门的稳定雇员中招募会员。正规部门的工会会员数量甚至处于逐渐下降的状态。在非洲，组建非正规部门的工会组织受到了社会的极大欢迎。

在非正规部门招募会员存在两大障碍：

第一，技术的一般化和财务障碍。试图在非正规部门中谋生的人通常在"一男一女"的经济组织中"白雇"，"雇员"通常是他们的家庭成员；还有一些是偶尔在非正规小企业中领取薪水的工人。与传统大企业或行政部门的工人不同，工会不可能在同一地点和同一时间接触大量的非正规部门工人，因此，对工会而言，在非正式部门招募和服务会员的成本要高得多。同时，由于非正式工作收入低且不规律，会费成为非正规部门工人入会的极大阻碍。如果没有外部捐助者对特定工会"项目"的支持，招募非正规部门会员的工会组织将成为资金不足、人手不足的非洲国家工会的"亏损机构"。

第二，那些呼吁在非正规部门建立更强大的工会的人往往忽视了这样一个事实，即传统的工会武器（工资和工作条件谈判、停工以支持工会要求等）预先假定了雇主与雇员的关系，而这可能不适用于非

---

① JAUCH H.Chinese investments in Africa：twenty-first-century colonialism？ [J]. New Labor Forum，2011（2）：48-55.

正规部门。例如，在亚洲很多国家，非正规部门包括相当数量的正式"自营"家庭工人、日工和其他临时工，他们通过分包商生产链为正规企业甚至跨国公司生产零部件。虽然这些人和企业看起来是有依赖性的就业关系，但其实并不存在正式的雇佣关系。在这里，这些行业主要由个体经营者或独立经营者控制，如街头摊贩、个体维修厂等，他们直接与当地消费者开展业务。

对非正规部门工作人员的直接支持主要是将传统的工会活动应用于中小企业发展和自助组织的推广，如创业咨询服务、技能培训、小额信贷计划等。工会是否是提供此类服务最合适的行动者，这还是值得怀疑的。

另外，工会和非正规部门之间可能有更大的政治合作空间，例如以就业或贫困问题游说政府，或相互支持。非正规部门可能希望利用工会的谈判技巧，与政府或地方机构进行谈判；反过来，工会可能希望与非正规部门协会或其附属机构保持一致，以便强化其作为合法"工人之声"的政治地位。对于大多数非洲国家工会来说，这当然需要在联盟建设方面采取比过去更加积极的做法。

五、非洲国家工会主义的发展趋势

从非洲国家工会发展的整体历程看，非洲国家工会主义呈现社会运动工会主义的特征。在20世纪60年代的非洲国家独立运动和20世纪80年代末的非洲民主运动中，非洲国家工会发挥了重要作用，承担了很大的责任，同时工会也更加团结。目前，非洲国家工会组织的发展仍然受到其传统劳工运动的影响，激进的特性让其在政治变革中能充分发挥组织动员作用，而一旦完成了政治变革，非洲国家工会则很难从社会运动的积极参与者转变成承担更多职责的工会。

随着经济全球化的不断深入，非洲国家工会面临来自内部和外部的挑战。大部分非洲国家倾向于新自由主义的经济发展模式，加之业务外包以及新技术的引进，导致工人向非正规部门大规模流动。如果大多数非洲经济体的发展主要局限于非正规部门，而且没有彻底实现现代化，工会的发展前景就很渺茫。

目前，非洲的外国投资趋势清楚地表明，即使在全球化时代，工会组织仍有新的尚未充分开发的潜力，尽管其创造的就业机会数量在面对严峻的失业问题时仍显得不是很重要。值得注意的是，非洲大陆的采矿和能源等劳动密集型行业接受的外国直接投资最多，这为工会组织创造了新的机会。另外，南非公司向非洲大陆其他地区的扩张也带来了正式经济活动的新利基市场，这些市场具有良好的工会组织潜力。除了能源和采矿，还有国内市场导向型行业（如酒店、银行、零售、贸易、电信、运输等），这些行业也是劳动密集型的。最重要的是，在许多非洲国家，工会仍然是一支重要的政治力量。尽管工会会员数量下降，其集体谈判覆盖率较低，但是工会仍然是非洲为数不多的社会组织之一。非洲国家工会拥有相当大的选区，并具有全国性的组织结构，有能力动员其会员参与社会或政治事务。此外，如果发生严重侵犯工会和工人权利的行为，非洲国家工会更容易采取激进的集体行动来维护工人的权益。

第三节　坦桑尼亚工会及其对劳动雇佣管制的影响

坦桑尼亚联合共和国（以下简称坦桑尼亚）国土面积共 94.5 万平方千米，其中桑给巴尔 2 657 平方千米。截至 2024 年，坦桑尼亚全国人口约 6 544 万人，主要就业人口仍然在农业、牧业和非正规部门，制造业、矿业和旅游业发展较为迅速，外国直接投资存量持续增长。近十多年来，坦桑尼亚GDP年均增长率约为5.2%。①2022年，中坦双边进出口贸易总额为83.1亿美元，同比增长23.7%。截至2022年年末，中国对坦桑尼亚直接投资存量累计超过14.4亿美元。目前，在坦桑尼亚注册的中资企业近700家，主要从事工程承包、投资以及双边援助项目。②

一、坦桑尼亚工会的发展历史

坦桑尼亚工会的发展与坦桑尼亚政治制度的发展密切相关，因此，可根据不同的政治制度划分为以下三个时期：

（一）英国殖民统治时期

坦桑尼亚的工会历史悠久，可以追溯到20世纪20年代的殖民时期。当时的工人成立了一些组织，一部分类似于精英职业协会，另一部分是为了提高工资而罢工，如乞力马扎罗汽车司机协会（KMDA）、坦噶尼喀非洲公务员协会和商店助理工会等。③然而，殖民政府试图通过法律使工会的建立合法化并加以控制，从而达到平息劳工骚乱并保持社会稳定的目的。例如，为了消解坦桑尼业工人运动，英国殖民政府颁布了《工会条例》，该条例赋予工会登记官很大的权力，用来控制工会。④所以，这个时期的工会受到殖民地国家的控制，其活动和运行自由都受到限制。⑤

最初工人对于恶劣工作条件的反抗主要是通过信件、请愿书或个

---

①　中华人民共和国外交部. 坦桑尼亚国家概况［EB/OL］.［2024-12-06］. https：//www.fmprc.gov.cn/web/gjhdq_676201/gj_676203/fz_677316/1206_678574/1206x0_678576/.

② 中华人民共和国商务部. 对外投资合作国别（地区）指南：坦桑尼亚（2023年版）［EB/OL］.［2024-12-06］. http：//www.mofcom.gov.cn/dl/gbdqzn/upload/tansangniya.pdf.

③ TORDOFF W.Government and politics in Tanzania［M］. Nairobi：East African Publishing House，1967.

④ FRIEDLAND W H.Vuta Kamba［M］. Palo Alto：Hoover Institution Press，1969.

⑤ MIHYO P B.Industrial relations in Tanzania［M］// DAMACHI U G.Industial relations in Africa. London：Macmillan Press Ltd.，1979.

别抗议进行的。1937年以后，码头工人掀起了罢工浪潮，并在1947年的大罢工中达到高潮，后来罢工蔓延到坦桑尼亚的大部分城镇。

1955年，坦噶尼喀劳动联合会（TFL）成立，这是一个由17个小工会组合而成的工会。这些小工会在独立斗争中与坦噶尼喀劳动联合会合作，向殖民政府施加政治压力。在殖民统治时期，工会是为了保护工人反对殖民地国家的权利而成立的。尽管工会的主要目标是保障会员的经济利益，但是，在争取独立的斗争中，它们也发挥了至关重要的作用。

（二）以独立为标志的第二个时期

坦桑尼亚于1961年摆脱殖民统治并成立了坦噶尼喀共和国（1964年更名为坦桑尼亚联合共和国）。然而，随着国家的独立，工会与政党之间的关系也发生了重大变化。

在非洲化和工会自治等诸多问题上，工会与独立后的政府发生了直接对抗。为了维护劳工的权益，工会在1962年发动了152次罢工，总共有4.5万名工人参与其中。为了遏制工会的发展，政府于1964年解散了坦噶尼喀劳动联合会，并成立了坦噶尼喀工人联合会（NUTA），作为该国唯一的工会组织。[1]坦噶尼喀工人联合会是执政党的一个附属机构，主要职能是宣传政府的政策，其领导也是由该国总统任命的。这种工会性质的转变主要是因为坦桑尼亚政府冒险采取各种社会经济政策时，任何社会或政治组织的政治压力都被视为对国家稳定和发展不利的因素。因此，1965年以后，坦桑尼亚的工会和其他民间组织一直处于执政党的统治之下，直到1990年年初，坦桑尼亚才重新引入自由政治。

1977年2月，坦桑尼亚政府将之前的两党合并，坦桑尼亚革命党

---

① 张晓颖，沈丹雪. 中非工会差异及中资企业在非应对劳资矛盾的行为逻辑——基于对坦桑尼亚的调研 [J]. 中国劳动关系学院学报，2018（4）：116-124.

（Chama Cha Mapinduzi，CCM）正式成立。该党对坦噶尼喀工人联合会进行了改革和重组，并于次年成立了坦桑尼亚工人联盟（JUWATA）。该联盟仍然是执政党的附属机构，其范围覆盖了坦桑尼亚和桑给巴尔。

20世纪80年代，全球经济危机爆发，坦桑尼亚的经济发展前景危在旦夕。[①]正是由于这场经济危机的影响，坦桑尼亚被迫进行了社会经济改革，这也为工会的自由化发展奠定了基础。[②]

（三）工会自由化时期

1992年，坦桑尼亚重新引入多党政治，标志着坦桑尼亚由一党制国家转变为多党制国家。同年，坦桑尼亚工人联盟解散，建立了坦桑尼亚工会组织（OTTU），包括11个产业协会。1993年，由于坦桑尼亚新任总统未兑现承诺——提高工人的工资待遇水平，坦桑尼亚工会组织发动了全国性罢工，并宣布该组织此后独立于政府，不再作为政府的附属机构。但是，当时的法律并未承认这次独立宣言。

所以，尽管重新引入了多党政治，工会在法律上有一段时间仍然没有被承认为自治组织。直到1998年，坦桑尼亚议会通过10号决议，《坦桑尼亚工会法》颁布，工会才具有公认的政治地位，并且依法自治。2001年，坦桑尼亚工会大会（TUCTA）成立，合法取代了坦桑尼亚工会组织，成为坦桑尼亚全国性工会的统筹协调机构。

虽然每一个时期的政治环境都发生了变化，但是前一个时期的劳工运动特征仍具有延续性，所以坦桑尼亚工会组织的发展仍然受到传统思维的影响。直到今天，坦桑尼亚工会大会在运行中新旧思想的碰

---

① MOSHI H P B. The commercialiasation and privatization of public enterprises in Tanzania: successes, problems and prospects [M] // BAGACHWA M S D, MBELLE A V Y. Economic policy under a multiparty system in Tanzania.Dar es Salaam: Dar es Salaam University Press, 2001.

② GIBBON P. Liberalised development in Tanzania [M]. Uppsala: Nordiska Afrikainstitutet, Sweden, 1995.

撞仍然很强烈，这也限制了工会发挥更大的作用。

二、坦桑尼亚工会的运行

该部分从工会组织、工会会员、工会日常活动以及与国际组织的合作四个方面介绍了坦桑尼亚工会的运行情况。

（一）坦桑尼亚工会组织①

坦桑尼亚工会大会是目前坦桑尼亚唯一注册的工会联合会，注册号为 FED 01。它于 2001 年 4 月成立，于 2001 年 5 月根据 1998 年《坦桑尼亚工会法》注册，根据 2004 年《就业和劳动关系法》更新了其注册。坦桑尼亚工会大会是一个由 13 个部门工会组成的全国性联合组织，截至 2016 年 6 月，其会员总数约为 65 万人，其主要职能是协调该国的工会运动、联络各工会组织。坦桑尼亚工会大会正在通过各种方式维护工人的利益，包括促进社会对话和倡导体面工作，以协调各级劳动关系。它还通过各种方式加强组织能力，以增加会员数量。坦桑尼亚工会大会目前包括 13 个部门工会，分别为：

坦桑尼亚教师工会（Tanzania Teachers Union，TTU）；

坦桑尼亚工商联合会（Tanzania Union of Industrial and Commercial Workers，TUICO）；

研究人员、学者和相关工作人员联合工会（Researchers, Academicians and Allied Workers Union，RAAWU）；

坦桑尼亚当地政府工人联合会（Tanzania Local Government Workers Union，TLGWU）；

坦桑尼亚矿业和建筑工人联合会（Tanzania Mines and Construction Workers Union，TAMICO）；

---

① 这部分介绍主要来源于坦桑尼亚工会大会网站（http://www.tucta.or.tz/post/About-TUCTA）。

坦桑尼亚种植园和农业工人联合会（Tanzania Plantations and Agricultural Workers Union，TPAWU）；

坦桑尼亚铁路工人联合会（Tanzania Railways Workers Union，TRAWU）；

坦桑尼亚政府和卫生雇员联合会（Tanzania Union of Government and Health Employees，TUGHE）；

坦桑尼亚海员联合会（Tanzania Seamen's Union，TASU）；

坦桑尼亚交通运输工人联合会（Communication and Transport Workers' Union of Tanzania，COTWUT）；

安保、酒店员工、家庭和联盟工人联合会（Conservation，Hotels，Domestic and Allied Workers' Union，CHODAWU）；

坦桑尼亚电信工人联合会（Telephone Workers' Union of Tanzania，TEWUTA）；

坦桑尼亚码头工人联合会（Dock Workers' Union of Tanzania，DOWUTA）。

根据坦桑尼亚工会大会的定义，它是工人权利的代理人，是协调工人与用工单位之间矛盾的社会组织，由国际自由劳工联盟领导，工会代表、委员及主席通过选举产生，各工会的基层组织不定期地到企业或其他场所宣讲并招募会员，每月召开基层职工代表大会。

坦桑尼亚工会组织在不同的政治时期经历了不同的发展阶段，起初受到殖民地国家的控制，然后是作为独立政府的附属机构，需要按照政府的指令办事；后来则发展成为独立的第三部门，其组织理念和核心目标都发生了极大的转变。由于坦桑尼亚工会组织的特殊发展历程，其管理较为松散，组织理念和目标更容易受到外部环境的干扰。

（二）工会会员

坦桑尼亚的工会覆盖率一直呈现不断下降的趋势，根据ILO的数据，2010—2015年，坦桑尼亚的工会覆盖率从35.4%逐年下降到14.5%。在自由化之前，坦桑尼亚工会属于政府部门，享有政府批准的预算保障。但是，在自由化之后，工会需要依靠自己的收入维持运行，主要经济来源是会费。由于工会不得不从非自愿成员制转变为自愿成员制，因此失去了获得成员的特权。工会费是会员工资的2%。对于工人来说，他们更愿意将这些钱放到自己的口袋里，所以工会的吸引力明显下降。

同发达国家一样，坦桑尼亚工会的会员也主要集中于公共部门。从1961年到20世纪80年代中期，政府几乎是唯一的雇主，私营部门尚未发展起来。因此，大多数工会会员受雇于公共部门，就业保障和安全是工会会员首先考虑的事情。20世纪90年代，坦桑尼亚进行经济改革，政府通过裁员减少了一些部门工会的会员人数。同时，由于业务外包和新技术的引进，工人向非正规部门大规模流动，而非正规部门不是工会招募会员的传统领域。直到自由化以后，工会发现只有增加会员的数量，才能保障工会代表工人的权利，因此，2004年，非正规部门成为工会招募会员的新领域，"工人"被重新定义，也包括那些被裁员的人。但是，由于工会的组织能力不强，不太可能有效地解决目前的问题，因而对于会员利益的代表性较弱，所以工会覆盖率在逐年下降。

另外，在坦桑尼亚工会中，两性不平等也是存在的，担任领导职务的妇女很少。首先，相比于男性，女性的就业更具灵活性，有些甚至是临时工作。其次，在坦桑尼亚，女性往往缺乏在公共场合发言和代表自己利益的能力。最后，在激烈的工会领导职位竞争中，女性候选人受到一定的歧视。如果工会能更好地保障女性会员的利益，它将提高在劳工运动中的代表性和谈判能力。

（三）工会的日常活动

坦桑尼亚工会组织的日常活动包括教育与培训、女性就业等。在争取会员权益时，一般是通过集会向雇主反映会员的诉求，更激进的方式则包括抗议、罢工等。例如，坦桑尼亚工会呼吁政府在2019—2020财年再次削减工资所得税，称当时9%的税率依然过高；还呼吁再次审议公务员的工资，尤其是月薪在17万~36万先令之间的；要求政府确保工资、养老金和退休福利等及时发放。①

非正规部门的工会活动主要包括培训和组建支持社团。比如，坦桑尼亚工商联合会帮助市场上的小商贩组织专业团体，这些团体接受工会赞助的一些物资以及职业健康和安全课程；在另外一个地区，坦桑尼亚工商联合会邀请一些小型企业（通常是未注册的企业）的员工讨论劳动法和劳动标准，许多参与者后来以付费会员的身份加入了工会。交通运输工人工会（COTWU）则向卡车司机、出租车司机和通勤巴士司机进行宣讲等。

（四）与国际组织的合作

1967年，坦桑尼亚政府实行国有化和计划经济，在农村开展集体化运动——乌贾马运动。乌贾马运动不仅没有实现摆脱贫困的目标，而且使国民经济受到重创，最终于1977年宣布失败。为了解决经济停滞问题，坦桑尼亚政府向外国或国际组织寻求援助，其中包括世界银行、国际货币基金组织等机构。

在国际劳工组织、世界银行、国际货币基金组织等国际机构的推动下，坦桑尼亚政府将加强工会组织建设列入其减贫战略中，从而加强本土工会的积极性，以维护劳工的权益。坦桑尼亚工会大会隶属于国际自由劳工联盟，后者在减贫战略报告中认为工会是公民社会的重

---

① 中华人民共和国驻坦桑尼亚联合共和国经济商务代表处. 坦桑尼亚工会呼吁再次削减工资所得税 [EB/OL].（2019-03-12）[2024-10-14]. http://tz.mofcom.gov.cn/article/jmxw/201903/20190302842075.shtml.

要组成部分，对于国家经济发展具有不可忽略的作用。世界银行、国际货币基金组织、坦桑尼亚政府和国际自由劳工联盟在减贫战略报告框架下建立了定期对话机制。一些国际机构和发展组织在职业健康和安全、劳工权利、谈判技巧和其他领域的能力建设上为坦桑尼亚工会提供了资助。

但是，政府与工会的持续合作并不常见。一方面，这是非洲国家较落后的发展水平决定的，工会会员并不是最贫穷或者说并不是最需要资助的对象；另一方面，则是由于政府对工会的态度很淡漠，所以工会很少获得官方支持。意识形态立场加上发展资金的限制，使非洲国家工会在国际援助方面处于边缘地位。

三、工会对劳动雇佣管制的影响

（一）执政党与工会的关系

在坦桑尼亚民主化进程中，工会的作用微乎其微。自坦桑尼亚取得独立后，工会就一直处于执政党的掌控之下，政府还通过出台各种法律来控制工会。当重新引入自由政治后，法律框架对于工会的限制逐渐降低。坦桑尼亚2004年发布的《就业和劳动关系法》（已废除1998年发布的《坦桑尼亚工会法》）和2002年发布《非政府组织法》规定，不禁止工会参与政治活动，但工会延续了以往的传统，在政治上处于不活跃状态。

坦桑尼亚工会并未完全脱离政府，但又与政府保持着一定的距离，基本上处于"静止"状态。工会与政府之间的关系具有矛盾特点。一方面，工人不断地与作为其雇主的政府进行斗争；另一方面，相当一部分高级工会会员仍然与政府和执政党保持着密切的联系，这是此前工会工作的结果。这种纠葛的一部分是关于工会在政治体系中应该扮演什么角色的问题，尽管"老一代"工会会员中的一部分持亲政府态度，但许多工会的章程禁止工会领导人参与政党政治，得到政府或政党职位的工会会员必须辞去劳工代表的职务。在自由化进程中，制定这些条款是为了防止执政党控制工会。但是，也有部分人认为，这一规定导致政府对劳工问题考虑不足，因此建议对工会章程进行修改。与此相一致的是，工会领导人试图将投票权作为一种新武器。例如，在临近2010年10月大选前，坦桑尼亚工会大会代理秘书宣布，工会高级会员将竞选议会席位，代表工人的利益去解决问题。这种反对政府却又不完全脱离政府的矛盾，标志着坦桑尼亚工会正在经历转型。①

（二）劳资纠纷的解决

坦桑尼亚的劳动法律体系主要分为三个层次：基本法律、其他法律以及规章。其中，关于工会的设立与运行，《工会法案》有明确规定。坦桑尼亚的劳资纠纷可以分为由管理人员引发和低级职员引发两类。②

第一，由管理人员引发的纠纷。根据《永久劳资审裁法案》（1967年）和《坦桑尼亚工业法庭法案》（1993年）修正案的规定，所有纠纷必须先提交当地工会，然后由当地工会官员移交给劳工部部长。如果劳工部部长仍无法解决，纠纷将移交给工业法庭。

第二，由低级职员引发的纠纷。根据《雇佣安全法案》（1964年）的规定，在高等法院对其决定作出有无违反程序或者司法公正审议之后，劳工部部长的决定为最终结果。如果雇主欲对雇员进行罚款，须通知雇员以及雇员工作地点的工会组织；如果雇员工作地点没有工会组织，则要通知地区劳工官员。

---

① FISCHER G.Power repertoires and the transformation of Tanzanian trade unions [J]. Global Labour Journal，2011，2（2）：125-147.
② 中华人民共和国驻坦桑尼亚联合共和国经济商务代表处. 坦桑尼亚劳工政策 [EB/OL]．（2008-03-28）[2024-10-14]．http：//tz. mofcom. gov. cn/article/ddfg/200803/20080305445908.shtml.

可以看出，在劳资纠纷的解决过程中，工会是最主要的参与主体之一，对于纠纷调解结果有着重要影响。

（三）集体行动——罢工

当工会是政党的一部分时，工会的活动受到政府的控制，其本身没有决定的余地。特别是罢工属于比较激烈的行动，受制于复杂的法律程序，组织起来困难重重。但是，现在有了新的劳动法，罢工的可能性明显增加。

在坦桑尼亚，并非所有工会都积极地组织罢工。提到罢工，最有代表性的是坦桑尼亚教师工会和坦桑尼亚工商联合会。2008年，坦桑尼亚工商联合会呼吁连锁超市员工举行罢工，后来通过由雇员、雇主和工会代表组成的委员会解决了冲突；同年，坦桑尼亚工商联合会组织全国小额贷款银行的员工举行罢工，结果员工在银行重组后成功地获得了所要求的最终福利。另外，坦桑尼亚教师工会也一直发起罢工行动，教师和作为其雇主的政府之间的持续斗争效果虽然不佳，但是媒体进行了密集报道，冲突的核心是工资拖欠和福利待遇问题。2008年，当坦桑尼亚教师工会宣布要举行罢工时，政府通过劳工法庭阻止了他们。同年，坦桑尼亚高等法院宣布罢工合法，并要求政府立即停止骚扰参与行动的教师。坦桑尼亚虽然后来修订了劳动法，但是政府仍然在很大程度上可以控制工会，所以工人的利益问题并没有得到很好的解决。

通过罢工，可以衡量不同工会集体组织的行动能力。例如，种植园工人是坦桑尼亚种植园和农业工人联合会（TPAWU）的会员，在同一家工厂中可能还有加工农产品的工人，这些工人则是坦桑尼亚工商联合会的会员，由于坦桑尼亚工商联合会更具有攻击性，所以种植园工人会要求加入该工会。其中，有一些工会领导人无法通过谈判和有计划的罢工来疏导工人的不满情绪，从而会导致一定程度上的暴力骚乱。

虽然坦桑尼亚政府一直在号召人民努力工作，并且有效控制了大部分罢工事件，但是，当工会组织工人进行罢工来维护工人的利益时，对于雇主方也是极大的冲击。例如，2015年11月至2016年2月间，中坦友谊纺织厂曾连续发生多次小规模工人罢工事件，主要原因是坦桑尼亚政府在2007年大幅上调了纺织业的最低工资标准，管理层与工会就1 300名当地职工的工资补偿问题产生了争议。①尽管罢工持续的时间不长，影响范围也仅局限于该纺织厂，但是对于该纺织厂的运营造成了很大的冲击。

四、工会发展的限制

坦桑尼亚工会的发展主要受以下几个方面的限制：

（一）工会内外部的竞争

工会内部或工会之间既有合作也有激烈的竞争。工会内部的竞争主要表现为对工会领导职位的竞争，竞选人员只关注自我晋升，而对会员真正的利益并不关心。这种内部竞争一方面会分裂工会的内部团结，另一方面对于工会的发展没有形成统一认识，从而阻碍了工会的发展。争夺职位背后所涉及的个人利益可能是不同的，事实上，工会中的高职位是政治生涯和高薪董事会成员的跳板。所以，对劳工问题的忽视或者降低冲突（特别是与政府的冲突）是工会领导候选人争取后期职业机会的行为方式。

工会之间的竞争是指坦桑尼亚不同工会之间的资源争夺。新的《坦桑尼亚劳动法》允许雇员加入他们想加入的工会，所以不同工会对于争夺新会员有激烈的竞争。因为更多的新会员意味着可以获得更

---

① 中华人民共和国驻坦桑尼亚联合共和国经济商务代表处. 坦桑尼亚概况［EB/OL］.（2018-09-27）［2024-10-14］. http://tz.mofcom.gov.cn/article/ddgk/201809/20180902783 284. shtml.

多的会费和更大的权力，工会就可以获得进一步壮大。但是，正是由于这种竞争，工会缺乏合作和团结，这使坦桑尼亚工会大会变得更加软弱。

（二）组织和财务缺陷

财务问题不仅妨碍团结，还导致组织效率低下，这些都是维护工人权利的障碍。工会在组织规划方面缺乏协调，部门之间单独行动，没有相互匹配的工作计划和总体战略。例如，内部教育措施在很大程度上是临时性的，不能严格按照培训制度或长期计划执行。但是，这个问题不能一概而论，也有例外的情况。比如，坦桑尼亚工商联合会认为，自由化的工会在很大程度上依赖会费，因此必须很好地为会员服务以吸引更多的会员，通过有效的组织来解决财务限制。

关于管理上的缺陷和财务资源的有限两方面的因果关系还存在争议。一些人认为是因为组织效率低下，获得的收入有限，从而限制了权力；另一些人则认为是收入有限使人员不足和能力低下，进而导致组织效率低下。毫无疑问，资金问题限制了工会的活动和运行，特别是工会对于会员培训和教育的时间有限，在权利维护上的能力也有限。

（三）贫困和低教育水平

贫穷、失业和低教育水平被视为限制非洲国家工人加入工会的原因。生存的首要性成为绝大部分坦桑尼亚民众的选择，贫穷和大家庭往往依赖少数人赚钱的事实，增强了雇主对工人的控制。如果工人是在不加入工会的条件下获得的工作岗位，他就会声称是自愿不加入工会的，以此来保护雇主。由于缺乏必要的教育，工人对自身权利的认识不足，同时对政治权威又极度认可，所以，虽然有劳动法，但许多工人并不了解或选择无视劳动法。此外，政府大力宣传工人要努力工作，但对于工会活动和斗争是不太支持的，雇主在招人时又有严格的档案审核，这些因素都削弱和瓦解了工会的会员招募和斗争精神。

五、对外国投资的影响

关于工人的工作条件和待遇，非洲国家工会主要通过将工人组织起来，通过集体谈判或集体行动等形式，来表达工人的诉求。同样，在坦桑尼亚的劳动雇佣管制中，对于与雇主产生的在工作时间、工资福利等方面的分歧，坦桑尼亚工会通常号召工人消极怠工或者直接采取罢工行动。[①]在劳资矛盾中，坦桑尼亚工会是重要的协调中介，虽然工会不是官方组织，但是工会在工人中具有强大的号召力。工会通过将工人的力量汇聚起来，增加了工人的个体权利，并通过工会合法维权。[②]

以往的研究发现，在坦桑尼亚投资的中国企业对于工会多采用回避的方式，但是管理者会借鉴中国的管理经验，比如部分企业关注员工的生活和子女教育，这种不局限于员工工作绩效的"家庭式"管理对于维护劳资关系有着重要的作用。[③]

在商务部的《对外投资合作国别（地区）指南：坦桑尼亚》中，对于投资企业有如下建议："中国企业必须全面掌握《坦桑尼亚劳动法》中有关劳动者权益保障的规定，依法与员工签订雇佣合同，按照合同规定缴纳各种税费，充分尊重员工应享有的权利，按时发放工资，不得克扣和拖欠工资，并经常性保持与工会的交流和对话，掌握工会的发展动向，工作之余关心员工的生活，力所能及地帮助员工解决其个人问题，保持同员工和工会的良好关系。建立定期与工会联系

---

① 管善远. 中国海外企业的社区沟通怎么做？[EB/OL]. (2018-05-02) [2024-10-14]. http://www.chinadevelopmentbrief.org.cn/news-21266.html.
② 张晓颖，沈丹雪. 中非工会差异及中资企业在非应对劳资矛盾的行为逻辑——基于对坦桑尼亚的调研 [J]. 中国劳动关系学院学报，2018（4）：116-124.
③ 李晓江，李长江. 非洲中资企业跨文化和谐劳动关系管理研究——以坦桑尼亚为例 [J]. 中国劳动关系学院学报，2016（6）：15-19.

沟通的制度，经常与工会成员谈话，了解工人所想和所面临的问题，及时掌握工会和工人的动向以便及时解决问题。"①

同时，投资企业还可以通过积极的劳动关系管理增强当地工会的认可与信任，比如设立专门的沟通办公室、意见箱等。一方面，这可以更快速便捷地了解员工及工会的需求；另一方面，能及时作出反应，以调整企业的管理策略。

总的来说，对于在坦桑尼亚投资的中国企业来说，遵守当地的劳工政策，加强与工会的沟通，能有效避免劳动冲突和矛盾，更好地运营和管理企业。

第四节　肯尼亚工会及其对劳动雇佣管制的影响

肯尼亚共和国（以下简称肯尼亚）国土面积共58.3万平方千米；截至2024年，肯尼亚全国人口约为5 244万人，农业、服务业和工业是国民经济的三大支柱产业。自2010年以来，肯尼亚政府采取了一系列促进经济增长的政策，有效促进了肯尼亚的经济发展，但贫困率和失业率仍居高不下，均在40%左右。2023年，肯尼亚的经济增长率为5.4%，人均国内生产总值为1 949.9美元，人民生活水平仍然很低。②

肯尼亚是非洲的东大门，是东非共同体、东南非共同市场等区域合作组织的倡导者，是对非洲贸易、投资、经济技术合作的主要窗口和桥梁。中国是肯尼亚的第一大贸易伙伴、第一大工程承包商来源国、第一大投资来源国以及增长最快的海外游客来源国。作为海上丝

---

① 中华人民共和国商务部. 对外投资合作国别（地区）指南：坦桑尼亚（2019年版）[EB/OL]. [2024-10-14]. http://www.mofcom.gov.cn/dl/gbdqzn/upload/tansangniya.pdf.
② 中华人民共和国外交部. 肯尼亚国家概况 [EB/OL]. [2024-12-06]. https://www.fmprc.gov.cn/web/gjhdq_676201/gj_676203/fz_677316/1206_677946/1206x0_677948/.

绸之路自然与历史的延伸，肯尼亚已经成为共建"一带一路"倡议在非洲的重要支点，也必将成为众多中国企业"走进非洲"的首站。截至 2022 年年末，中国对肯尼亚直接投资存量为 17.8 亿美元，中国企业对肯尼亚的投资主要集中在建筑、房地产、制造业等领域；2022年，中肯双边贸易额达 85.2 亿美元，同比增长 22.9%。①

一、肯尼亚工会的发展历史

肯尼亚工会运动一直是该国经济、社会和政治斗争的一个重要特征。

（一）独立前的早期历史

自肯尼亚出现外资以来，工会和工人阶级在政治和经济领域都发生了根本性变化。在整个殖民时期，工会和参与国家政治的组织有着非常密切的联系。肯尼亚工会运动始于 20 世纪 30 年代，是在英国殖民政府为防止有组织的劳工运动的兴起而不断为雇主辩护的艰难处境中发展起来的。殖民政府坚持捍卫雇主，以防止工人运动有组织地兴起。最早的肯尼亚工人运动必须采取协会的形式，例如肯尼亚非洲公务员协会和第一次世界人战后成立的铁路非洲工人协会。②

20 世纪 30 年代末，有关肯尼亚工会运动的政策发生了轻微的变化。1935 年，旁遮普裔 Makhan Singh 在肯尼亚成立了印度工人工会，这很快成为所有种族和行业效仿的对象。在经历了工会非种族化之后，肯尼亚印度工人工会最终发展成为肯尼亚劳动工会。随后，肯尼亚工会注册人员审查并批准了三个工会的注册申请，分别是东非标准联盟、东非标准工作人员工会和东非劳工工会。殖民政府允许成立工

---

① 中华人民共和国商务部. 对外投资合作国别（地区）指南：肯尼亚（2023 年版）[EB/OL]. [2024-12-06]. http://www.mofcom.gov.cn/dl/gbdqzn/upload/kenniya.pdf.
② SHIRAZ D. Trade union movement leads the way in Kenya [J]. Information, Society and Justice, 2009（2）：197-204.

会，但工会的权利和行动是非常有限的。

1940年《工会条例》（1937）修订后，肯尼亚的工会数量从三个增加至六个。随着第二次世界大战结束后政治活动的兴起，肯尼亚非洲研究小组成立，局势开始迅速变化，后来它被肯尼亚非洲联盟（KAU）所取代。随后，肯尼亚工会发起了非洲土地回流、提高工资、制定工业服务标准和条款等运动。1947年年底，许多为积极抵抗殖民主义做准备的力量已经到位，工会、工人阶级和进步的民族主义运动团体之间密切合作，罢工和工人斗争的消息通过全国各地的铁路工人、出租车司机、公共汽车司机和卡车司机口口相传。到20世纪40年代末，运输联合工人工会（TAWU）、职员与商业工人工会也都成立了。

为了争取民族独立，肯尼亚在1949年成立了第一个全国性的总工会，与英国殖民当局进行了不懈的斗争。1950年，肯尼亚工会运动领导人促成了东非工会大会的创立，并且将工会运动付诸政治目标，与殖民政府进行对抗。1952年，肯尼亚成立了全国性工会中心——肯尼亚注册工会联合会，隶属于国际自由工会联合会，并接受其咨询服务与指导。1952年10月，殖民政府宣布肯尼亚进入紧急状态后，工会运动遭受了巨大的挫折，几个主要工会领导人因为涉嫌参与有关运动而被捕。尽管如此，注册的工会还是越来越多。1955年，肯尼亚注册工会联合会更名为"肯尼亚劳工联合会"，该联合会的领导人走在政治自由和为工人权利斗争的最前线。但是，在这一时期，也出现了工党领导人之间的领导权竞争，这几乎毁掉了工会运动，导致工会组织分裂成几个部分。

1948—1963年是肯尼亚工会运动历史上最活跃、最具革命性的时期。工会主义者是唯一呼吁政治独立的声音，20世纪50年代，工会成为政治独立运动的重要力量之一，工会会员要求释放所有政治拘留者。大多数工会主义者加入了各种政党，在1963年肯尼亚独立后加入政府。

（二）独立后时期

1963年12月12日，肯尼亚脱离英国殖民统治，成为独立国家，但是工会内部的领导权之争仍在继续。1964年，肯尼亚非洲工人大会成立，隶属于不结盟的非洲工会联合会。为了解决肯尼亚劳工联合会与非洲工人大会的竞争，1964年年底，肯尼亚政府任命了一个总统部委委员会来研究工会运动的形式和领导冲突。该委员会建议解散两个对立的组织，并成立一个新的工会。1965年，肯尼亚中央工会组织（COTU）应运而生，至今仍然是该国唯一的工会中心。

同肯尼亚劳工联合会一样，肯尼亚中央工会组织召集了该国大多数主要工会。肯尼亚种植园和农业工人联合会在1963年注册，由几个小工会组合而成。2005年，其成员超过20万人，主要是种植茶、咖啡和花卉的工人。东非的非洲邮电工作人员协会成立于1955年，1977年东非共同体分裂后，成为肯尼亚邮电工会。随着邮电行业的发展，肯尼亚邮电工会的名字更改为"肯尼亚通信工人联盟"。

由于畏惧工会的力量，在肯尼亚独立后的最初3年中，当时的执政党——肯尼亚非洲民族联盟（KANU）政府试图控制肯尼亚中央工会组织，并通过联邦宪法赋予总统相关权利，致使肯尼亚中央工会组织的三位高级领导人被免职。在此之后，肯尼亚工会领导层卷入政治斗争中，工会运动受到极大的影响。但是，汤姆·姆博亚劳工学院的成立是20世纪80年代劳工运动的重要成果。该学院开始只提供信息技术和工商管理方面的文凭和证书，随后有计划地升级到提供与工会运动相关的学位。

1987年，肯尼亚宪法的修改使肯尼亚成为一党制国家。肯尼亚非洲民族联盟几乎控制了国家的各个方面，包括工会运动。当执政党反对公开示威和集体行动时，肯尼亚中央工会组织成为肯尼亚非洲民族联盟的坚决拥护者。但是，并非所有的肯尼亚中央工会组织成员都支持工会与肯尼亚非洲民族联盟结盟，1991年12月，有15个工会宣布脱离肯尼亚中央工会组织，其中包括一些较强大的工会组织：邮电工会、石油工会、运输联盟工人工会等。这些工会后来组成了全国性工会大会（NCTU），但并未影响肯尼亚中央工会组织的政治立场，而且被拒绝进行登记，之后不久就解散了。此后，政府实际上也确立了肯尼亚中央工会组织在工会组织框架中的领导地位。

20世纪90年代，肯尼亚面临着自独立以来最严重的就业危机。在公共和私营部门，数以千计的工人被裁员或任意解雇。2000年，尽管工会强烈反对，肯尼亚政府还是开始实施四阶段紧缩计划，以削减30%的多余劳动力。失业率的迅速上升使得肯尼亚中央工会组织的成员减少，附属工会不到30个，工会活动因为财政问题而严重缩减，并且极大地降低了工会会员对于肯尼亚中央工会组织的信任。从1993年到2000年的裁员使工会会员数量下降到裁员前的一半，这大大削弱了工会为维护会员权利而使用传统罢工武器的力量。

这种情况一直持续到2001年，工会有了新的领导人，他们决定确保肯尼亚中央工会组织独立于政府。尽管领导层发生了变化，而且在肯尼亚历史上，工会组织是建立在"一个产业一个工会"的基础上的，但是，大多数工会是跨产业（行业）运作的。例如，肯尼亚商业和食品联合工人工会就涵盖了银行业、食品业、金融业、零售业、航运业和安全服务业在内的多个工业部门。

2010年8月27日，肯尼亚新宪法生效，承认工会的基本权利，也保障工会集体谈判的权利，但是，工会活动仍然受到很多限制。例如，法律要求工会成立必须获得证书，然后才能招募会员，但是申请成立工会的程序冗长而烦琐；法律对工会经费的使用和管理也进行了更加严格的限制。

除了政治改革方面的抗争外，肯尼亚工会的力量仍然很强大，并继续向政府和雇主施压，要求提高工人的工资和生活水平。

二、肯尼亚工会的运行

这一部分介绍肯尼亚工会组织、工会会员和工会的日常活动。

(一) 肯尼亚工会组织

与非洲大多数劳工组织不同，肯尼亚的工会团结在一个强大的劳工中心周围，即肯尼亚中央工会组织。肯尼亚中央工会组织是肯尼亚的国家工会中心，根据2007年发布的《肯尼亚劳动关系法》的规定注册和运营。肯尼亚中央工会组织成立于1965年，当时肯尼亚劳工联合会和非洲工人大会解散。中央工会组织的成立和发展与肯尼亚的政治发展有密切关系，并在这个过程中影响了肯尼亚经济发展的速度和方向，其主要职能是为工会会员发声，通过法院或罢工等更强硬的措施为会员争取权利。①

在肯尼亚的42个工会中，有36个属于中央工会组织，它们代表了150多万名来自公共和私营经济部门的工人。尽管6个不隶属中央工会组织的工会中有3个是该国规模很大的工会，但是没有一个工会组成相互竞争的劳工中心。无论是通过谈判提高工资和改善就业条件，还是通过法院诉讼或罢工等更严厉的措施，中央工会组织在协调雇主和雇员之间的关系中一直是最常见的力量。

在中央工会组织之外，肯尼亚全国教师工会（KNUT）的规模最大。肯尼亚全国教师工会于1957年成立，1966年加入肯尼亚中央工会组织。1967年，肯尼亚全国教师工会被允许作为一个专业机构加入世界教师职业联合会（WCOTP）。1969年，政府强迫其与肯尼亚公

---

① 参见肯尼亚中央工会组织网站（https://cotu-kenya.org/history-of-cotuk/）。

务员工会（KCSU）脱离中央工会组织，声称教师和公务员不应该属于工会组织的基本服务对象。这是因为政府对工会的庞大规模担忧，特别是在肯尼亚中央工会组织的统一管辖下，一旦发生工会运动，会对政治和经济稳定造成威胁。肯尼亚全国教师工会的会员数量庞大，而且其运动一直比较活跃，为了争取教师的工资及福利待遇进行了多次罢工。

（二）工会会员

根据肯尼亚中央工会组织的官方介绍，肯尼亚独立50年后，正式部门中约有150万名工人属于工会。[1]最大的非中央工会组织联盟成员工会是肯尼亚全国教师工会，该工会有近25万名会员。

近年来，中央工会组织一些附属工会的会员数量大幅度下降，表面上看是因为裁员和相应的非典型就业的增加。当然，也有一些部门的工会会员数量有所增加，如大学和农业部门，但是这些工会会员数量增加的幅度不足以弥补失业或非典型就业导致的会员数量下降。例如，移动电话服务快速增长，但是在服务产业中，工会化程度是极低的。此外，非正规部门中的大型运营商的工会化也未实现。

比较研究表明，肯尼亚的工会密度高于部分非洲国家。肯尼亚的工会密度明显高于埃及的26.1%、埃塞俄比亚的12.9%、马拉维的20.6%、坦桑尼亚的18.7%；然而，在加纳和南非，工会的密度远远高于肯尼亚，分别为70%和40%。[2]无论如何，虽然很难招募新会员，但肯尼亚工会已经开始行动，特别是在日益增长的非典型就业劳动力中。例如，食糖、供电和烘焙业的工会正在招募临时工，并将他们作为工会新的会员。

---

① 参见肯尼亚中央工会组织网站（https：//cotu-kenya.org/history-of-cotuk/）。
② HAYTER S，STOEVSKA V. Social dialogue indicators： trade union density and collective bargaining coverage： international statistical inquiry 2008-09 ［C］. Geneva，Switzerland： ILO，2010.

中央工会组织作为劳工中心，其面临的主要挑战包括扭转工会会员人数以及号召力下降的趋势，这是由多方面原因造成的，如雇主推动的工作灵活性加剧了非典型就业人数的增长。[①]与此同时，一些雇主对工会怀有敌意，阻挠工人加入工会。中央工会组织制订了战略计划，试图寻求解决这些问题的方法。在该计划中，中央工会组织承诺加强会员招募，特别是对非典型就业工人的招募，并增加向会员提供的服务；进行工会能力建设，加强工会的宣传作用和游说能力，以影响经济和社会发展的公共政策。肯尼亚政府发布了体面工作方案，政府长期发展战略中也提出了生产性和可持续的就业机会。

（三）工会日常活动

肯尼亚工会提供的两项最突出的服务是工人教育和培训。比如，肯尼亚中央工会组织的活动包括：加强附属工会的建设，推进职工教育，游说和倡导适当的就业和劳动力市场政策及法律制度，阐明工人在国家、区域和国际各级的观点和代表性，与政府、私营部门、区域和国际工会联合会及其他劳工支援机构建立团结、联盟、伙伴关系和网络等。[②]

在肯尼亚，工人教育的主旨被认为是产生工会文化和适应不断变化的需求。工会认为，工人教育是工会能力建设的工具，可以使工人勇敢应对新的挑战，对工会有更深入的了解，掌握通过民主参与改变社会的方法。培训大多是由雇主资助的，因为这往往是在集体协议中明确规定的。通过不断的教育和培训，工会会员能以不断创新的方式应对更多的新问题，如经济裁员、传染病毒（HIV/AIDS）等的影响。

除此之外，向会员提供的许多福利与工会提供的主要服务直接相

---

① CENTRAL ORGANIZATION OF TRADE UNIONS. Foreword to "A world fit for workers" strategic plan 2007-2012 [R]. Nairobi: Central Organization of Trade Unions, 2007.

② 参见肯尼亚中央工会组织官网（https://cotu-kenya.org/our-objectives/）。

关，这些福利大多在集体谈判协议中已包括。所以，肯尼亚工会在集体谈判之外提供的利益非常有限，但是工会将推动已有福利政策的执行和实施。比如，当雇主拒绝提供集体谈判协议中规定的福利时，工会可将资方告上法庭，并且将得到法律的支持。

三、工会在劳动雇佣管制中的影响

肯尼亚工会对劳动雇佣管制的影响分为两部分：一部分是工会法律框架产生的影响，另一部分是集体谈判产生的影响。

（一）工会的法律框架

肯尼亚的劳动立法规定了雇佣条件和劳动保护，主要法律包括《雇佣法》《工资规定和雇佣条件法》《工业培训法》《行业工会法》《工人赔偿法》等。[①]

自独立以来，肯尼亚的劳工部门经历了几次变革，其中最重要的变革与2007年颁布的新劳动法有关。肯尼亚关于工会的法律体系包括2007年颁布的《就业法》《劳动机构法》《劳动关系法》《职业安全与健康法》《工伤福利法》。立法的目的是提供必要的法律框架，以简化相关部门的运作。这套法律体系是有关工会和劳动争议的，规定了工会和雇主组织的登记、管理，通过保护结社自由促进良好的劳动关系，鼓励有效的集体谈判，推进有序和迅速的争端解决，有利于社会公正和经济发展，也有利于相关目标的实现。

全面的劳动立法体现了法律对于保障劳动关系和谐的必要性，它是对肯尼亚当代经济和社会挑战作出的反应。特别是技术创新加剧了全球竞争，给工人和雇主带来了新的机会和约束。新的法律旨在解决非正规部门体面工作不足的问题，有利于提高企业的竞争力，坚持工

---

① 中华人民共和国商务部. 对外投资合作国别（地区）指南：肯尼亚（2019年版）[EB/OL].［2024-10-14］. http://www.mofcom.gov.cn/dl/gbdqzn/upload/kenniya.pdf.

作中的基本原则和维护工人的权利。

另一项重要的法律改革是采用新的《肯尼亚宪法》。《肯尼亚宪法》第41条承认劳动者具有下列权利：公平的劳动行为、公平的报酬、合理的工作条件、组织和参与工会以及罢工的权利。它还概述了雇主的权利，包括成立和加入雇主组织以及参加其活动的权利。

《肯尼亚宪法》第6章有一项权利法案。该法案规定了平等原则（第35条、第37条）、不受歧视的自由（第36条）、免于奴隶制和强迫劳动的自由（第46条）和结社自由（第52条）。关于劳动关系的第59条确定了工人、雇主和工会的权利，特别是获得公平报酬的权利、享有合理工作条件的权利、加入工会或雇主组织的权利、罢工的权利和进行集体谈判的权利。

同样重要的是，肯尼亚是国际劳工组织的积极成员，它将国际劳工标准作为一个全面的政策文书系统，由一个旨在解决国家级应用中的所有问题的监督制度为后盾。迄今为止，肯尼亚已经批准了八个国际劳工组织公约中的七个，只有关于结社自由的公约没有被肯尼亚政府批准。

另一个重要工具是《劳资关系宪章》，这是肯尼亚劳动关系的一个重要里程碑。当时，雇主和工会都认为可以通过资本和劳动力的和谐合作来实现经济发展，减少罢工和停工事件的发生，这对于新独立的国家来说至关重要。因此，1962年10月，肯尼亚政府、肯尼亚雇主联合会和肯尼亚劳工联合会签署了《劳资关系宪章》。

《劳资关系宪章》明确了雇主组织和工会的责任以及二者在劳资关系领域的义务，它附带了一个协议作为相关各方的指南，并成立了联合争端委员会。自那时起，《劳资关系宪章》经过数次修订，但这些年来一直是肯尼亚社会对话和劳资关系的基础。《劳资关系宪章》赋予劳动者从事合法工会组织活动的权利。

肯尼亚有一些传统的机构，它们都会参与三方协商和社会对话。国家三方协商委员会、联合工商咨询委员会、劳工咨询委员会、国家工业训练委员会、国家职业健康和安全咨询委员会都是三方协商机构中的一部分。法律允许有七名或七名以上工人的企业成立和加入工会，但须得到工会登记员的同意。大多数雇主都隶属于肯尼亚雇主联合会，这是一个代表劳资关系和人力资源开发中雇主利益的机构。虽然所有的劳工法律都授予工人组织运动和集体谈判的权利，但都只适用于一定的条件之下，工会领导人始终在抱怨工会活动受到阻碍。

然而，这些机构的作用主要限于劳工法律和劳资关系问题。即便如此，这些机构也没有得到政府的长期支持，很多时候它们根本无法发挥作用。近年来，各机构的作用更是受到法律和宪法改革以及该国劳动力与就业概况的影响。

（二）集体谈判

在集体谈判领域，肯尼亚中央工会组织不直接参加部门或企业级的谈判，这项职能由个别附属工会履行。在少数情况下，中央工会组织的官员可以加入附属工会的谈判小组。这种安排与雇主联合会形成对比，雇主联合会代表其成员在部门或企业级参加谈判。但是，在任何情况下，中央工会组织都可以向附属工会提供指导和建议，附属工会可以在谈判期间寻求其帮助。中央工会组织定期向其附属工会提供核心专业知识和技术，这种服务通过核心专家这一角色来实现，比如经济学家以及性别、童工和艾滋病毒等方面的专家。

肯尼亚的集体谈判受到两个相互关联的公共政策的影响，它们对工资的确定和就业条件都产生了巨大的影响。第一个是一般工资概念，这是最低工资确定的基础，也是集体谈判的主要催化剂；第二个是定义松散的工资政策准则，其中包括工资和就业条件谈判的标准。这两个公共政策会进行不定期的调整，以适应不断变化的经济和劳动力市场状况。部门和企业层面的集体谈判都受到这两个公共政策的巨大影响，这构成了肯尼亚工资和就业条件的集体谈判基础。

有关比较分析显示，2007 年，肯尼亚集体工资谈判覆盖率在工资和薪金收入劳动者中所占的比例是 3.7%；如果用占总就业人数的比例来表示，覆盖率则下降到不到 1%。此外，有关比较分析还表明，虽然集体谈判的覆盖范围在欧洲发达经济体中仍然保持稳定，但是在非洲国家普遍偏低，其中只涉及不到 20% 的工薪阶层。[①] 在发展中国家，低覆盖率部分是通过放松管制、失业和增加非典型就业形式来解释的。

需要注意的是，关于集体谈判，有一个国际视角的附加条款。例如，在肯尼亚，三方（最低）工资委员会制度覆盖范围更广。虽然通过这种方式很难确定谈判的实际覆盖面，但很明显，最低工资制度或多或少地影响了雇主对就业关系的认识。首先，与工人没有正式谈判关系的雇主通常采用最低工资标准，由相关的三方（最低）工资委员会或领头行业雇主规定。其次，与工会谈判的雇主通常使用最低工资作为谈判的基础。鉴于最低工资是三方谈判的结果，集体谈判协议的覆盖面似乎比统计数字更大一些。

（三）罢工

1939 年，非洲铁路学徒在蒙巴萨发动了肯尼亚第一次真正意义上的工业罢工，这次罢工演变成暴力事件并蔓延到全国各地。1955 年，肯尼亚码头工人工会组织罢工，导致蒙巴萨港的业务全面瘫痪，这为工会领导人成功代表工人用罢工解决问题提供了第一次机会，也是肯尼亚工会组织发展的第一个重要里程碑。肯尼亚劳工联合会领导人代表码头工人进行谈判，使工人得到 33% 的加薪。1993 年，为了

---

① HAYTER S, STOEVSKA V. Social dialogue indicators: trade union density and collective bargaining coverage: International Statistical Inquiry 2008-09 [C]. Geneva, Switzerland: ILO, 2010.

争取给工人加薪，肯尼亚中央工会组织开展了一次全国性的工人罢工，有20多个工会的上百万工人参与其中，这也导致了交通、金融服务等行业停滞。①

由于肯尼亚中央工会组织一直处于政府的控制之下，维稳成为该工会组织的一个隐形重要目标。特别是随着肯尼亚劳动法律不断完善和健全，在工会存在的合法性受到肯定的同时，工会运动也受到了极大的限制。所以，肯尼亚的罢工次数不断减少，罢工大多集中在少数几个行业。例如，2007—2008年，50%的罢工发生在农业领域；2009年，罢工次数略有减少，降至25次，其中60%发生在农业、制造和建筑业，大多数罢工都是为了工作安全。在组织罢工活动时，肯尼亚全国教师工会是比较积极和活跃的，但是罢工的效果并不是很明显，大部分活动效果都被工业法庭或者政府调解给消除了。

肯尼亚罢工减少的主要原因之一是就业形势恶化，这使得工人对工作安全非常担忧。虽然工人们对失业的前景感到愤怒，但是他们也受到很多限制，不能故意使情况恶化，从而小心翼翼地维护现有的就业机会。然而，这种克制有时候不能阻止工人罢工，如肯尼亚国家航空公司的飞行员。2009年年初，肯尼亚国家航空公司的飞行员举行罢工，要求加薪130%，而管理层只答应10%，并向工业法庭提交了争议；随后，飞行员对罢工的禁令置之不理，罢工使航空公司的整个机队瘫痪，整个地区的航空旅行被中断；最后，工业法庭进行了干涉，在最高政治权威的领导下进行了非正式谈判，在破坏性罢工4天后双方达成了和解协议。在达成的和解协议中，飞行员工资增长只有20%，远远低于飞行员的要求，但这是管理层出价的两倍。这一争端及其解决也是对新法律的考验，特别是在其有效性、促进公平公正解

---

① 肯尼亚中央工会组织. 肯尼亚工会 [EB/OL]. (2018-04-29) [2025-01-30]. https://cotu-kenya.org/our-objectives/.

决纠纷、劳资合作和维护劳动关系方面。然而，法律框架对这些目标的贡献仍有待观察。

航空部门似乎更能考验工人罢工在国家战略部门中的重要性，而且由于影响扩散比较快，所以能得到更多的关注。2019 年 3 月 6 日，肯尼亚首都内罗毕的乔莫·肯雅塔国际机场（JKIA）爆发罢工。[1]罢工爆发的诱因是机场管理权移交给肯尼亚航空公司，这个过程中产生了不合理的人员聘用和劳资赔偿，叠加了机场员工对于机场管理委员会的不满。罢工员工多为肯尼亚航空工人工会（KAWU）会员，该工会会员包括机场机组人员、安全人员、空中交通管制员等。肯尼亚航空工人工会质疑亏损的肯尼亚航空公司与肯尼亚航空管理局（KAA）的合并计划，但该计划已于 2019 年 2 月 21 日被国会议员叫停。工会要求对肯尼亚航空管理局首席执行官和董事会主席及相关人员进行免职处理。这也考验着肯尼亚劳动法律框架对于罢工活动的管理和控制。

四、对外国投资的影响

随着中资企业在非洲的投资呈现逐渐上升的趋势，了解东道国的劳动力市场特征以及相关劳动法律法规至关重要。

（一）劳动力市场特征[2]

根据肯尼亚官方统计，我们以 2013—2017 年的 5 年作为分析基础，在此期间，政府采取了创造就业机会的策略，包括为青年、妇女和残疾人提供就业方案。这些方案包括为妇女、青年和残疾人保留所有政府采购机会的 30%，将一些服务和职能移交给各州，并增加对移交单位的资源分配。经济活动的增加对创造就业机会产生了积极

---

[1] 佚名. 机场员工罢工，肯尼亚内罗毕机场数十航班延误 [EB/OL]. (2019-03-06) [2024-12-06]. https://baijiahao.baidu.com/s? id=1627246636291917834&wfr=spider&for=pc.
[2] 这一部分的数据来源于 Kenya National Bureau of Statistics，Economic Survey 2018。

作用。

2017年，肯尼亚新增就业岗位89.78万个，非正规部门新增就业岗位78.78万个。2017年，非正规部门就业占总就业的83.4%。就业人数（不包括农村小规模农业和牧民活动）从2016年的1 600万人增加到2017年的1 690万人，增加了5.6%。现代部门的工资性就业人数从2016年的2 553.5万人增加到2017年的2 656.6万人。现代部门的自营职业和无薪家庭工人总数从2016年的13.25万人增加到2017年的13.94万人。现代部门人均名义年收入从2016的645 035.2肯先令上升到2017的684 097肯先令。然而，同期的人均实际收入从379 968.9肯先令下降到369 004.3肯先令。按照消费物价指数衡量的国际贸易额从2016年的6.3%增至2017年的8.0%。

2017年，制造业正式就业人数增至30.33万人，占正式就业总人数的11.4%。2017年，环保署企业聘用的本地雇员由2016年的52 947人增至54 622人。

由于肯尼亚当地劳动力成本较低，很多中资企业愿意雇佣当地员工。充分了解当地劳动力市场的特征，有利于中资企业采用适当的雇佣策略，一方面促进当地的就业，另一方面能节约企业的经营成本。

（二）劳动法律法规和工会

首先，中资企业要遵守当地的劳动法律法规。中资企业在进入当地之前，需要深入了解和熟悉当地的劳工法及相关法律规定，特别是关于最低工资标准、雇佣程序、医疗、住房、福利等内容。中资企业可以总结和借鉴其他企业处理劳工问题的经验，比如雇佣当地的人力资源专员，一方面能更快速地了解当地的劳动法律法规，另一方面能加强与当地员工的沟通，有效地避免冲突。

其次，中资企业要了解劳务派遣相关规定。中资企业在肯尼亚的用工中，劳务派遣占据极大比例，这就要求中资企业在派遣劳务前必须了解有关规定。比如，对于非技术性劳务人员，肯尼亚政府有一定的政策限制并严格实行工作许可证。[①]中资企业可以事先对外派劳务人员进行业务以及当地法律法规、文化等培训，教育其遵守肯尼亚的法律法规以及传统风俗。与此同时，中国劳务公司向肯尼亚派遣劳务人员之前，要充分了解雇主企业的经营和管理情况，与雇主企业签好劳务合同，并在合同条款中明晰劳务人员的责任和义务，避免合同条款模糊不清导致劳务人员与雇主发生矛盾，要确保劳务人员的权益。

最后，要处理好与工会的关系。肯尼亚中央工会组织在社会、经济和政治生活中具有重大影响，一旦企业发生劳资纠纷，肯尼亚中央工会组织将出面维护劳工的利益。中资企业要了解和遵守相关规定，一方面，要加强与有关工会组织的联系，建立常规沟通渠道；另一方面，要熟悉政府和司法部门的运作流程，当遇到工会提出无理要求且无法协商，或者发生抗议、罢工等事件时，要及时寻求政府或司法部门的帮助，以减少损失。

第五节　南非工会及其对劳动雇佣管制的影响

南非共和国（以下简称南非）国土面积共121.91万平方千米，截至2022年，全国人口约为6 200万人。在非洲国家中，南非属于经济最发达的区域之一，属于中等收入发展中国家。相比其他非洲国家，南非经济稳定，基础设施完备，国民收入水平较高。南非有四大经济支柱，即矿业、制造业、农业和服务业，它们支撑着南非作为非洲第二大经济体的重要地位。2007年以来，南非经济增速一直处于放缓

---

① 中华人民共和国商务部. 对外投资合作国别（地区）指南：肯尼亚（2023年版）[EB/OL]. [2024-12-06]. http://www.mofcom.gov.cn/dl/gbdqzn/upload/kenniya.pdf.

状态，增长乏力；2023年，国内生产总值增长率为 0.6%，人均国内生产总值约为 6 138 美元。①

2022年，中南双边贸易总额达到 567.4 亿美元，同比增长 5.71%；截至 2022 年年底，中国对南非直接投资存量为 7.42 亿美元。②截至 2018 年年底，在中国驻南非大使馆登记备案的中资企业，包括民营和私营企业，共计 200 余家。③总的来说，中国是南非第一大贸易伙伴，而南非是中国在非洲最大的贸易伙伴。

一、南非工会的发展历史

南非工会的发展历史分为种族隔离阶段、反种族隔离阶段和新南非成立阶段。

（一）种族隔离阶段

从 17 世纪起，荷兰、英国相继发动殖民战争入侵南非，南非经历了 200 多年的殖民历史。1910 年，四个殖民政治实体合并为南非联邦，成为英国自治领，这也意味着南非开始建立现代国家。20 世纪初，英国白人掌握南非的政权和工业化，这极大地影响了南非工会制度建立的过程。

南非矿产资源丰富，所以矿业成为南非外国资本涌入的领域。由于采矿需要熟练工人，外国资本便从英国等国家引进很多白人在矿业部门工作，其工资待遇远远高于黑人，并享受"白人劳动政策"。19世纪后期，白人的工会组织便已具雏形，比如最开始的木匠和细木工联合会，还有 1913 年合并而成的矿工联合会。白人工人不仅带来了

① 中华人民共和国外交部. 南非国家概况 [EB/OL]. [2024-10-14]. https://www.fmprc.gov.cn/web/gjhdq_676201/gj_676203/fz_677316/1206_678284/1206x0_678286/.
② 中华人民共和国商务部. 对外投资合作国别（地区）指南：南非（2023 年版）[EB/OL]. [2024-12-06]. http://www.mofcom.gov.cn/dl/gbdqzn/upload/nanfei.pdf.
③ 中华人民共和国外交部. 中国同南非的关系 [EB/OL]. [2024-10-14]. https://www.fmprc.gov.cn/web/gjhdq_676201/gj_676203/fz_677316/1206_678284/sbgx_678288/.

工业技术，同时也带来了工人阶级的斗争思想，工会运动成为白人工人提高工资和改善劳动条件的武器。[1]1922年1月，白人工会在当时全世界最大的金矿区——兰德金矿发动大罢工，抗议降低工资和雇佣黑人取代他们。白人工人顽强斗争，从罢工变成了武装起义，但是最后被政府出动武装力量镇压。在此之后，白人和黑人的对立更加明显，种族歧视思想盛行。当时的执政党开始寻求通过法律和制度的形式进行种族隔离，比如 1924 年的《工业调停法案》(Industrial Conciliation Act)、1925年的《工资法》(Wage Act)和1926年的《矿业工作法案》(Mines and Work Act)，都是进一步保护白人工人的权益，并确定白人工会的合法地位，而把黑人工人排除在保护范围之外。于是，白人工人开始放弃运动抗议斗争方式，转入集体协商的合法体系中。

黑人工人长期受到剥削和压榨，并且被排除在法律保护之外，导致了黑人工人的斗争选择了更为激烈的方式，他们通过大规模罢工——这个唯一路径来维护自身的权益。1919年，南非工商业职工工会成立，这对于南非工会发展具有重要的历史意义，因为这是南非第一个全国性跨行业的黑人工会。虽然该组织在鼎盛时期拥有25万名黑人工人会员，但是在1930年被政府强行解散。黑人工人对于不公正待遇进行了持续不断的斗争，并在1946年的大罢工中完成了一次历史性超越，即罢工人数超过白人。[2]在连续的工会运动中，黑人工会的组织能力不断加强。

1948 年，南非全面推行种族隔离制度，南非人民进行了持续不断的抗争。南非政府一贯采用极端镇压手段，黑人工会举行的罢工均

---

① 包茂宏. 南非兰德罢工前后的阶级关系与种族主义 [J]. 世界历史, 1993 (4): 78-86.
② 杭聪. 论20世纪种族隔离的工会制度对南非社会稳定的影响 [J]. 史学集刊, 2014 (4): 66-72.

遭到压制。1961年，南非共和国成立，并退出了英联邦。20世纪70年代初，经济危机席卷全球，南非的经济发展受到重创，数量庞大的黑人工人的劳动权益更是受到侵蚀，南非社会动荡不安。在这一阶段确立的以种族隔离为目标的工会制度不再适应南非经济发展需要，工会运动发展随着政治运动进入了下一个阶段。

（二）反种族隔离阶段

20世纪70年代的经济危机以后，黑人工人运动热情高涨。为了缓解经济发展压力，南非政府试图进行一些边缘性的改革。比如对黑人工人开放半技术工种的岗位，并试图将部分黑人工人稳定在城市居住，从而减少流动工人的数量。但是，由于这些改革并未触及矛盾的核心，黑人工会仍然不被认可，流动黑人工人也不具有合法的结社权，绝大部分黑人工人的劳动权益仍然得不到保障，社会贫富差距持续扩大。这次改革以失败告终。

20世纪80年代，南非人民的种族反抗意识逐渐加强。在政治上，黑人领导权不断加强，这为打破种族隔离的工会制度奠定了政治基础。1985年，南非工会大会成立，这是第一个全国性的跨种族产业工会。同时，其他种族的工人思想意识也发生了极大的转变，开始在原来的白人工会中接纳有色人种。跨种族的工会组织观念在南非从萌发到生根，对新型平等的工会制度的需求迫在眉睫。虽然在1988年，政府仍想采用其在20世纪五六十年代的高压政策，并通过立法的形式禁止工会参加政治活动，但是，当时的工会力量已经不能同日而语，工会能发动300万人参加为期3天的示威游行。黑人工会运动对南非政局产生了极大的冲击，逼迫政府改革种族隔离工会制度，重新塑造跨种族、平等、协商、稳定的工会制度。

1989年，南非国民党推行政治改革，取消黑人结社的禁令，并释放了一些黑人运动领袖。1991年，南非进行了多党会谈，以解决社会稳定问题。1992年10月，非国大、南非工会大会、南非共产党组成三方联盟，共同商议，形成了一个谈判框架，并于1993年达成了政治过渡协议。这意味着工会组织成为了南非重要的政治力量，并在重塑国家、资本家和劳动者的关系中扮演重要的角色。1994年，南非举行了部分种族的民主选举，三方联盟获胜，南非政权实现和平过渡。这标志着南非近百年的种族隔离制度瓦解，新的民主、平等的南非开始走入历史轨道。

（三）新南非成立阶段

1994年新南非成立后，工会的发展迎来了一个全新的局面。新政府全面推行社会改革，奉行协商、稳定和发展政策，努力提高黑人的社会地位，将白人政权平稳过渡到多种族联合执政。南非工会大会作为执政联盟中的主要一方，在争取黑人工人利益、解决贫困和不平等、促进就业等方面积极发挥作用，推动政府加强了劳动保护方面的立法，比如《劳动关系法》《就业基本条件法》《失业保险法》等。[①]

但是，随着新南非政治形势的变化，1996年，非国大基本实现了单独执政，南非工会大会的地位逐渐下降，其政治、经济影响力也不断下降。由于脱离了民族解放斗争，三方联盟制定的《自由宪章》和《重建与发展计划》更加强调政府对经济资源的控制，主张以国家为主导的经济发展模式。但是，非国大在执政以后，与南非共产党和南非工会大会对新南非的经济和社会发展理念产生了分歧，并且差异不断扩大。1996年，非国大政府推出了一项新计划，即《增长、就业与重新分配战略》，推翻了《重建与发展计划》的主要思路，确定了市场为主、国家为辅的发展路线。这一计划遭到了南非工会大会和南非共产党的强烈反对，但是，其施行并未受到影响。随后，非国大

---

① 黄伟，魏薇. 后种族隔离时代南非劳动关系的转型与发展 [J]. 教学与研究，2013（6）：27-38.

又推行了国有企业改革，以私有化为主要内容。

新南非倾向于新自由主义经济模式，强调市场的自我调节作用，弱化政府的干预手段，在此过程中，政府对工人的关心和保护也弱于对经济效率的考量。《增长、就业与重新分配战略》虽然有效减缓了预算赤字和通货膨胀率，但是并未解决失业和收入差距增大的问题。所以，南非工会大会组织工人进行了多次罢工，以反对非国大的经济政策，两个组织之间的关系逐渐紧张。直到2003年大选，非国大为了获得工人的选票，在一些政策上作出了妥协和让步，三方联盟的关系才出现缓和。

此外，南非工会大会的内部建设也出现了问题。一方面，南非工会大会的目标更加多元化，需要与各种不同的机构和部门进行协调，这分化了工会的主要精力；工会机构设置庞杂，这使其决策过程更加复杂和漫长，进而影响了工会作用的发挥。另一方面，南非产业结构的调整也导致工会力量的减弱。由于国有企业私有化、公共部门裁员等政策，南非的失业率急剧上升。同时，劳动者的就业方式也发生了很大的变化，比如新经济部门增加了白领工作人员，次级劳动力市场增加了很多非正式人员。这就使得传统的工会地位受到削弱，工会会员人数大幅度下降。由于会员人数减少，会费也相应减少，反过来又影响了工会的行动能力。

随着经济全球化的不断深入，先进的人力资源管理理念得以推行，很多时候企业管理层通过与工人的直接对话来解决劳资纠纷，工会的作用遭到极大削弱。总的来说，虽然南非工会的运动力量和热情与20世纪90年代相比明显减弱，但是其政治影响力仍然不可忽视。

二、南非工会的运行

这一部分介绍南非工会组织及会员的构成情况。

（一）南非工会组织

南非有四个主要的工会中心，包括南非工会大会、南非工会联盟、工会国家委员会和南非工会联合会。其中，最大的是南非工会大会（Congress of South African Trade Unions，COSATU）。南非工会大会是南非最大的工会组织，于1985年12月成立，当时正值反对种族隔离斗争的高潮期。作为一个联合组织，南非工会大会将1973年罢工浪潮后成立的许多工会聚集在一起，这标志着工会活动在长达十年的平静之后重新活跃起来。南非工会大会成立后，起草了工会宪法，确定工人将主导工会的所有机构。1994年，南非工会大会作为三方联盟成员赢得了选举，在非国大的领导下上台执政。

南非工会大会包括八个机构。其中，非洲国民大会每两年举行一次，是南非工会大会的最高决策机构；中央执行委员会每3个月召开一次会议，执行委员会则每月开会。其任务包括在工厂、矿山、商店、农场和其他工作场所工人民主组织的基础上建立有效的工会组织；组织和统一全国性工业工会；消除南非工人之间的分歧，把他们团结成强大而自信的工人阶级；加强和鼓励与进步的国际工人联系和团结等。根据南非工会大会官网的消息，南非工会大会下辖17个产业工会，约有180万名会员。①

（二）工会会员

在南非，根据《劳动关系法》，每个工人都有权加入工会。现在南非大概有工会会员320万人，占正式劳动力的25%。②如图7-1所示，根据国际劳工组织的统计，南非2019年的工会覆盖率为29.1%。2015年之后，工会覆盖率略呈上升趋势，但是上升幅度特别缓和。整体来看，2010—2019年，工会密度呈现上下起伏的趋势。

---

① 参见南非工会大会官网（http://mediadon.co.za/information-desk/）。
② 参见南非工会大会官网（http://mediadon.co.za/information-desk/）。

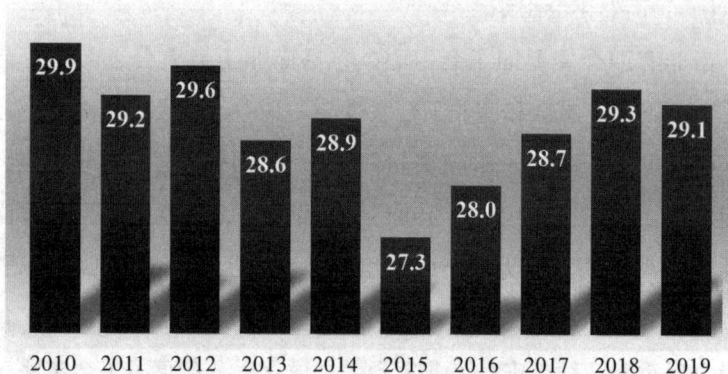

图 7-1　南非的工会密度（单位：%）

资料来源：数据来源于 ILO 官方网站（https://rshiny.ilo.org/dataexplorer36/?lang=en&segment=indicator&id=EAP_2WAP_SEX_AGE_RT_A）。

同其他大部分国家一样，在正规部门中工会会员所占比例要远远高于非正规部门，这个结果和这两个部门的工作性质和形式有极大的关系。同样，公共部门的工会会员覆盖率也高于私营部门。为了促进工人的团结，保障劳动者的权益，南非工会大会采取了相应的行动，比如将出租车行业的工人吸收到运输行业工会中，服装纺织行业工会则吸收了家庭生产人员。

另外，工会会员的分布在不同行业也有很大的差异。在传统的采矿业（这是工会的核心领域），工会会员覆盖率最高；然后是社区、社会服务行业，工会会员覆盖率也比较高；再后来是制造行业。农业和建筑业工会会员覆盖率是最低的两个行业，这是因为农业中很多农民属于自由职业者而不属于工人范畴，建筑业则是因为包括很多小型企业和非正规部门，存在许多短期合同工、非正式员工。

三、南非工会对劳工雇佣管制的影响

在南非，工会对劳工雇佣管制的影响主要表现在集体谈判、罢

工、工作场所论坛和工会的法律框架中。

（一）集体谈判

在南非的集体协商和谈判体系中，谈判委员会发挥着重要作用。根据1995年的《劳动关系法》，只有注册的工会和雇主组织才可以建立谈判委员会。此外，如果签署协议的谈判委员会代表工作场所大多数雇员，那么《劳动关系法》允许协议覆盖非工会会员，所以南非的集体谈判覆盖率会略高于工会密度。

《劳动关系法》没有明确规定集体谈判的权利，但是从侧面给予了足够的相关权利，以满足国际劳工组织的定义和公约。《劳动关系法》没有要求雇主必须进行谈判，但是鼓励"过程自愿"，这是在其他政策、措施的背景下进行的，特别是在规定了最低标准的就业基本条件下。

《劳动关系法》没有规定集体谈判应在什么级别进行，也没有规定集体谈判可以涵盖哪些问题，但是，从以往的经验来看，工资往往占主导地位，而其他"重要的非分配事项"往往被忽视。这主要是因为工资对于工人来说极为重要，部分是因为集体谈判中常见的利益敌对关系（利润分配）。

谈判委员会由注册工会和雇主组织组成，取代了种族隔离时期的工业委员会。谈判委员会处理集体协议，解决劳动争议，并就劳动政策和法律提出建议。谈判委员会还可以为其成员管理养老基金、病假工资、失业和培训计划以及其他福利。谈判委员会的章程必须说明其对中小企业的代表性。

谈判委员会负责执行自己签署的集体协议，并可指定履行这一职责的代理人。在这种情况下，代理人得到实质性的权利，包括在没有事先通知的情况下进入工作场所的权利。属于谈判委员会的雇主往往比谈判委员会以外的雇主更了解劳工立法和条例，这可能是由于受到更频繁的监测，以及需要回答谈判委员会的问题。

虽然对大多数部门来说，应由有关雇主和工会组建谈判委员会，但是《劳动关系法》也规定必须设立公共服务协调谈判委员会（PSCBC）。公共服务协调谈判委员会有四个公共服务部门委员会，覆盖了国家和省级政府，不包括市级政府（市政雇员不视为公务员）。《劳动关系法》没有明确规定地方政府应建立单独的谈判委员会，但事实上已经建立了这样的谈判委员会。

在南非，集体谈判集中化是其产业关系的特点之一，但是，集体谈判集中化会降低企业工资分配的灵活性。当企业无法达到最低标准时，将采取裁员措施甚至倒闭，从而导致失业率升高。这种情况在南非纺织业中更为明显。①有研究发现，1993—1999年，工会会员的实际工资水平只有略微浮动，而非工会会员的劳动工资敏感度较高，波动较为明显。②总体而言，对于劳动者来说，非工会会员比工会会员更容易受到劳动力市场的影响。③如图7-2所示，南非近几年的集体谈判覆盖率保持在30%左右。

（二）罢工

南非的罢工频率和反种族隔离、政治转型有着密切联系。20世纪50年代和60年代，南非工会罢工达到高潮。1973年，黑人工人组织了德班罢工，总共有6万多人参加，远远超过以前的罢工规模。这波罢工潮延续到纳塔尔，甚至扩展到约翰内斯堡附近的矿山。除了为工人争取权益而罢工外，工会有时也会采取声援罢工。比如，在非国大和白人政府进行谈判期间，南非工会大会就发动了48小时的罢工，以示声援。

① MAREE J.Trade unions and corporatism in South Africa ［J］. Transformation，1993，（21）：24-54.
② KINGDON G，KNIGHT J.How flexible are wages in response to local unemployment in South Africa? ［J］. Industrial and Labor Relations Review，2006，59（3）：471-495.
③ KINGDON G，SANDERFUR J，TEAL F. Labour market flexibility，wages and incomes in Sun-Saharan Africa in the 1990s ［R］. Oxford：University of Oxford，2005.

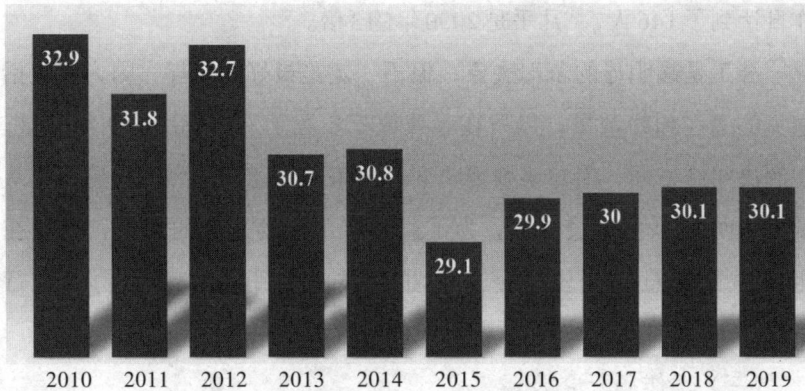

图 7-2　南非集体谈判覆盖率（单位：%）

资料来源：数据来源于 ILO 官方网站（https://rshiny.ilo.org/dataexplorer36/?lang=en&segment=indicator&id=EAP_2WAP_SEX_AGE_RT_A）。

在出台了相关的劳动政策和立法之后，法律要求举行罢工和停工前应向劳工部报告。规模较小的罢工或停工事前报告的可能性较低，但是规模较大的罢工或停工活动都会向劳工部提前报告，报告内容包括持续时间和参与工人人数等。《劳动关系法》对罢工有详细规定，需要满足"被保护"的实质性和程序性要求。在罢工得到保护的情况下，工人参加罢工不被视为违反合同或违法，因此，不能仅仅因为工人参加罢工而被解雇。然而，提供"基础服务"的雇员在罢工方面与其他工人没有相同的权利。

一些罢工只影响一家公司，而另一些罢工则影响多家公司。大罢工和抗议活动成为南非社会日常生活的一部分，也造成了极大的损失。根据南非劳工部 2008 年的统计，2007 年损失的工作日主要是由 2007 年 6 月的公共服务人员罢工造成的。在这次罢工中，32 万多名国家和省级雇员在大约 25 天内停止工作，停工时间为 800 多万个工作日，约占当年总损失工作日的 87%。2010 年，南非因罢工损失的工作日达到了146天，①几乎是2000年的3倍。②

罢工是最明显的争端迹象，但不一定是最好的指标，因为还包括避免的潜在纠纷数量，以及在导致停工、罢工之前解决的纠纷数量。在解决纠纷方面，南非谈判委员会解决争端的能力已经大大提高，从低于30%提高到超过50%。为了避免劳工运动造成的损失，企业在生产中更愿意采用资本密集型生产技术，用资本对劳动力进行替代。③

（三）工作场所论坛

在1994年选举之前的过渡时期，南非工会大会作为非洲国民大会（ANC）领导的联盟的一部分出席了各种谈判论坛。在后种族隔离时代，一部分政治领袖从工会的队伍中被推举出来。正是在非洲国民大会谈判论坛的基础上，1995年的《劳动关系法》提出建立工作场所论坛，旨在提供一个非对抗性的工作场所论坛，雇主和工人可以讨论非分配问题。

一方面，工会可以代表工人申请建立工作场所论坛，并就有关问题与雇主进行协商，这样就能形成常规的沟通渠道；另一方面，政府希望通过这个渠道来解决非工资性问题，其中包括工作场所事务，从而提高生产效率。至于工资和分配事项，政府希望通过工会集体谈判来解决。但是，工作场所论坛举办的次数逐渐减少，尤其是工会比较担心，这些论坛可能会使工人降低他们反对雇主提案的意愿。

（四）工会的法律框架

南非的劳工法律制度比较健全，相关法律包括《劳动关系法》

---

① LEOKA T，DAMALINGAM S，GUMA N.Labour pains ［EB/OL］.（2012-09-15）［2024-10-14］. http：//research.standardbank.com.
② SARB.The South African reserve bank quarterly bulletin ［R］. Pretoria：SARB，2002.
③ SCHOEMAN C H，BOTHA I，BLAAUW P F.Labour conflict and the persistence of macro underemployment in South Africa ［J］. South African Journal of Economic and Management Sciences，2010，13（3）：272-292.

《就业基本条件法》《就业公平法》等，这赋予工会组织很大的权利。2018年5月，南非国民议会通过了三部旨在保护劳工权益的法案，分别是《最低工资法案》《就业基本条件修正案》《劳动关系修正案》。南非劳动法对劳动者的工作时间、最低工资和休假制度等都有明确规定。

1995年颁布的《劳动关系法》对于南非的劳动关系具有重要意义。《劳动关系法》规定，工会和雇主组织以及这两种组织的联合会都需要在劳工部注册。注册的工会能够证明它们是具有"代表性的"，是有保障的组织。注册工会和注册雇主组织之间的集体协议对双方成员都有约束力。由于注册的要求比较简单，该法颁布后，有大量的工会和雇主组织登记。2002年，《劳动关系法》修正案指出，只登记"真正"的组织，这导致已经注册的很多组织取消了注册。2002年，《劳动关系法》还促使雇主通过就业中介雇佣工人，防止违反谈判协议，并在"非典型"工作情况下为工人提供保护。

《就业基本条件法》于1997年颁布，主要目的是为所有工人设定最低限度的就业条件。《就业基本条件法》几乎涵盖了所有工人，但是每月工作时间在24小时以下的人员除外，被视为对"弱势"工人提供了保护。《就业基本条件法》规定了工作条件和合同条款，但没有规定最低工资。

1994年的《国家经济发展与劳工理事会法》提出设立一个工作论坛，将政府、雇主和劳工代表聚集在一起，并在较小范围内召集社区代表，讨论超越特定工作部门或工作场所的经济和发展政策。

1998年的《就业公平法》对促进黑人、妇女和残疾人就业具有重要意义。1999年的《技能发展法案》规定了与国家技能发展战略有关的结构和规划，包括教育培训机构和学习体系。《失业保险法》为失业者和生育妇女提供了有助于保障其权益的保险制度。《工伤赔偿法》规定了对工伤或职业疾病患者的赔偿。

南非政府还把扩大公共工程计划（EPWP）作为2002年的计划，作为解决贫困和失业问题的关键举措之一。扩大公共工程计划在一定程度上允许不受通常劳动法支配的就业形式，该计划在工作场所论坛进行了讨论。参加论坛的社会伙伴一致认为，如果能够满足一系列条件，则同意引入该计划。该计划创造了100万个就业岗位，其中许多"工作"都是短期的。另外，该计划中"工作"的定义非常宽泛，甚至包括各种形式的培训。

南非的劳动政策和立法较为完善，但是这些政策和立法也被视为严苛的劳动制度。这些政策和立法妨碍了工资灵活调整的机制，特别是对于劳动密集型企业来说，最低工资标准提高了企业的劳动成本，极大地阻碍了企业的扩张与发展，最终限制了社会的就业。[1]在一些研究中，有学者认为，南非的经济增长受到了过度劳动监管的阻碍，而过度劳动监管也被视为高失业率的一个原因。

四、对外国投资的影响

与非洲其他国家相比，南非制造业企业的人力成本较高，这和前面提及的南非严格的劳动力市场政策密切相关。另外，经济全球化导致南非通胀率上涨，推动南非物价提升，进而导致各行业的工资向上调整，这给企业带来了更大的成本压力。

除了人力成本高昂以外，南非强大的工会势力和频繁的罢工也对外国投资造成不利影响。南非工会有较长的抗争历史，而且有数量庞大的会员，对南非的政治、经济和社会有较强的影响力，对南非行业工资的调整和劳动力市场均衡起着关键作用，工会会员往往受到有关

---

① MAHADEA D, SIMSON R.The challenge of "low employment economic growth" in South Africa: 1994-2008 [J]. South African Journal of Economic and Management Sciences, 2010, 13 (4): 391-406.

条例的保护。①

　　有研究认为，正是由于南非工会的势力过于强大，对南非就业造成了极大的负向影响，使就业人数大约下降了6.3%。②如前所述，工会对工资调整有很大的影响，这导致工人的实际工资增速与通胀率强相关，而与劳动生产率弱相关，进而造成大量的就业机会丧失。③在控制劳工的基础上，工会对南非非洲裔的平均工资溢价水平为20%，对南非白人为10%。④工会的集体行动，如频繁的罢工，导致南非紧张的劳资关系，企业更倾向于通过资本替代劳动，这也导致就业机会的减少。

　　外国投资企业应当努力掌握南非有关的劳工法律，认真了解工会的条例，特别是关于最低工资标准、劳动条件、工作福利等内容。一方面，外国投资企业要积极与工会进行沟通，尊重工会的作用和利益，出现劳资纠纷时要尽量通过协商解决，以避免罢工的发生；另一方面，外国投资企业在尊重当地风俗文化的基础上，要积极建设企业文化，并通过科学管理的方式增强工人的归属感。

　　由于南非有关劳工方面的法律框架赋予工会组织很大的权力，外国投资者应慎重处理劳资关系，包括职工待遇与解雇等问题；否则，很容易引起罢工。南非高度重视国内就业，中国劳务人员很难进入南非劳动力市场。⑤

　　① BANERJEE A，GALIANI S，LEVINSOHN J，et al.Why has unemployment risen in the New South Africa ［Z］. Cambridge，Massachusetts，Harvard University Center for International Development，2006.
　　② MAHADEA D.Employment and growth in South Africa：hope or despair? ［J］. South African Journal of Economics，2003，71（1）：21-48.
　　③ LEOKA T，DAMALINGAM S，GUMA N.Labour pains ［EB/OL］. （2012-09-15）［2024-10-14］. http：//research.standardbank.com.
　　④ BUTCHER K，ROUSE C.Wage effects of unions and industrial councils in South Africa ［J］. Industrial and Labor Relations Review，2001，54（2）：349-374.
　　⑤ 中华人民共和国商务部. 对外投资合作国别（地区）指南：南非（2019年版）［EB/OL］. （2020-08-30）［2024-10-14］. http：//www.mofcom.gov.cn/dl/gbdqzn/upload/nanfei.pdf.

第八章

结论与启示

本书以工会和劳动雇佣管制为研究对象，具体研究了共建"一带一路"国家的工会在劳动雇佣管制中的角色、作用及对境外投资的影响等。我们通过对共建"一带一路"国家工会与劳动雇佣管制的研究，形成了本书的核心观点：劳资力量博弈在国际投资关系中发挥重要作用，不可忽视；政府的劳动法律制度是工会影响境外投资的起点和落脚点，是工会、雇主组织与政府三者之间在宏观和中观层面互动和博弈的结果。当一个国家的雇主组织为企业提供的服务内容丰富，且具有强大的沟通协调能力和实力时，就能够抑制工会及其同盟势力的干预，推动政府形成良好的营商政策环境，从而有利于境外资本投资。

在研究过程中，本书对具体议题形成了以下观点和结论：

第一，工会在劳动雇佣管制中的角色。

在共建"一带一路"国家，即便大部分国家实行的是市场经济，但政党力量、政府治理理念以及不同工会力量存在较大差异，从而导致工会在整个国家和社会中的作用也相差甚远。这些国家的工会主要扮演四种角色，只不过不同的国家在某一角色上的特征更为明显一些。这四种主要的角色为：其一，工会作为政府治理的参与者；其二，工会作为工人利益的维护者；其三，工会作为企业管理的合作者；其四，工会作为社会组织的竞争者。

第二，工会在劳动雇佣管制中的作用。

工会作用的发挥取决于其面对不同劳动关系主体时所扮演的角色及发挥的作用。在共建"一带一路"国家，我们把工会在劳动雇佣管制中的作用概括为三种：其一，团结工人队伍，维护工人的权利；其二，推动劳动立法，解决劳资争议；其三，引导工人行动，协调利益关系。

由于国家之间政治体制与历史传统不同，为了更好地体现不同国家工会在劳动雇佣管制中的差异性，我们认为工会作用的未来发展趋势为：其一，工会对公共决策的影响力将进一步提高；其二，工会对集体行动将更加重视；其三，工会在利益博弈中将使用更加成熟的方式和手段。

第三，工会发挥作用面临的挑战。

不同国家的政治、经济、社会发展背景决定了国家之间的工会发展道路差异化的必然性。因此，在考查工会作用的发挥时，工会所处的劳动关系运行环境是解释其当前角色定位、行为选择的重要因素，而国家之间劳动关系发展历史的差异与特定时期的国别情境密不可分。工会作用将面临的挑战为：首先，每个国家社会发展和政治、经济的变化都将对工会作用的发挥提出挑战，近期不断变化的政治、经济局势将使工会进行一些调整。其次，工会还面临着用工性质变化的挑战，特别是新经济的兴起，将改变工会的组织形式和运行方式。最后，工会也面临着多元化发展的压力和挑战，多元化体现在劳动者市场化劳工意识的加强、劳动者利益诉求的多样性以及新就业形式的出现上，要求工会改变传统的工作方式方法，在行为选择、代表渠道等方面采取多样性、差异化的措施。

第四，工会对境外投资的影响。

我们的研究发现，工会对境外投资具有负面影响，即工会力量强、罢工频率高会抑制境外资本的投资行为。但是，政府劳动法律政策在工会与境外投资关系中发挥着前因变量以及中介的作用。一方面，政府劳动法律制度，特别是集体劳动关系法律制度，会影响工会数量和层级，进而通过工会的力量以及罢工频率影响境外投资。另一方面，工会又通过影响政府劳动法律政策影响境外投资。工会通过集体行动等方式影响政府劳动法律政策的制定和修订，从而影响境外投资。除了政府劳动法律政策的前因变量以及中介作用外，雇主组织在工会与境外投资关系中也发挥着调节作用。雇主组织的存在和雇主组织作用的发挥能够抑制工会对境外投资的负面影响。

为了验证我们对当前共建"一带一路"国家工会与劳动雇佣管制的判断，本书在亚洲、欧洲和非洲选取了几个有代表性的国家作为案例进行研究。通过对这些国家的分析，我们可以从总体上把握当前共建"一带一路"国家的工会运行情况以及劳动雇佣管制的现状与问题。在整个研究的基础上，本书提出以下研究建议：

第一，中国企业"走出去"，要高度重视国外工会运行模式和劳动雇佣管制体制，要把劳动用工环境作为投资环境考查的重点内容之一。

与欧美国家实行的多元化工会不同的是，中国工会实行的是一元化组织体系，所以中国工会在职能、性质以及行动方式等方面与欧美国家的工会相比，都存在较大的差异。当中国企业"走出去"，在欧美国家和其他共建"一带一路"国家进行投资时，它们面对的是陌生的工会运行模式及劳动雇佣管制体制，因此，中国企业在考查投资环境和用工环境时，要高度重视对国外工会和劳动雇佣管制的研究与分析。

第二，国外工会的角色、作用以及工会在社会中的定位，都是根据一个国家的社会经济和政治局势的发展而不断变化的，需要高度重视不同国家政治、经济局势对工会的影响。

当中国企业"走出去"时，企业面对的将是复杂多变的各国不同的环境。中国企业要处理好与工会的关系，需要结合各个国家的特殊情况，更好地理解工会在劳动雇佣管制中所扮演的角色与工会行动的方式。只有这样，才能在特殊的劳动雇佣管制环境中，处理好劳动关系问题。

第三，中国企业海外投资的战略决策方向之一就是重点考查劳动关系平衡机制。

我们认为，中国企业对外投资的战略决策方向是：冲突与合作是产业关系系统运行的两种基本状态，在落实共建"一带一路"倡议时，中国企业"走出去"，面对的是陌生的工会运行模式以及劳动雇佣管制体制，因此要深刻理解各国劳动关系主体的互动而形成的劳动关系平衡机制，这对于构建吸引境外投资的制度与社会环境具有重要意义。

第四，充分估计工会对境外投资的负面影响，预防工会集体行动和罢工对境外资本的投资行为的抑制作用。

工会作为劳动者的代表组织，在劳动关系领域是一个重要的主体。在经济全球化背景下，工会也在不断适应时代的发展而进行相应的调整。近年来，尽管各国工会密度和工会影响力不断下降，但是，欧美国家的劳动雇佣管制体制并没有发生根本性的变化，工会对政府雇佣管制的影响仍然存在。中国企业"走出去"时，要充分预估工会力量对投资的影响，同时也要预防工会集体行动和罢工对投资的冲击与破坏作用。

参考文献

[1]   ACKERS P.Trade unions as professional associations〔M〕// JOHNSTONE S,
       ACKERS P. Finding a voice at work? New perspectives on employment
       relations.Oxford: Oxford University Press, 2015: 95-126.

[2]   BEHRENS M, HAMANN K, HURD R. Conceptualizing labour union
       revitalization〔M〕// FREGE C, KELLY J.Varieties of Unionism: strategies
       for union revitalization in a globalizing economy. Oxford: Oxford University
       Press, 2004: 11-29.

[3]   COONEY R.Australian unions and vocational training: theory and cases〔J〕.
       Labour and Industry, 2010, 21 (2): 529-544.

[4]   COONEY R, STUART M.Trade unions and vocational education and training
       in theory and practice〔M〕. London: Routledge, 2012.

[5]   CLARKE S.Russian trade unions in the 1999 Duma election〔J〕. The Journal
       of Communist Studies and Transition Politics, 2001, 17 (2): 43-69.

[6]   CLARKE S, PRINGLE T.Labour activism and the reform of trade unions in
       Russia, China and Vietnam〔C〕. NGPA Labour Workshop, 2007.

[7]   DEAN A B, REYNOLDS D B.A new deal: how regional activism will reshape
       the American labor movement〔M〕. Ithaca: ILR Press, 2009.

[8]　　DUNLOP J T.Industrial relations systems [M]. Boston: Harvard Business School Press, 1993.

[9]　　FAIRBROTHER C S, BORISOV M. The workers' movement in Russia [M]. Cheltenham: Edward Elgar, 1995.

[10]　　FISCHER G.Power repertoires and the transformation of Tanzanian trade unions [J]. Global Labour Journal, 2011, 2 (2): 125-147.

[11]　　FRIEDLAND W H.Vuta Kamba [M]. Palo Alto: Hoover Institution Press, 1969.

[12]　　GIBBON P.Liberalised development in Tanzania [M]. Uppsala: Nordiska Afrikainstitutet, Sweden, 1995.

[13]　　GUMBRELL-MCCORMICK R, HYMAN R.Trade unions in western Europe: hard times, hard choices [M]. Oxford: Oxford University Press, 2013.

[14]　　HYMAN R.Understanding European trade unionism: between market, class and society [M]. London: Sage, 2001.

[15]　　HAYTER S, STOEVSKA V.Social dialogue indicators: trade union density and collective bargaining coverage: international statistical inquiry 2008-09 [C]. Geneva: ILO, 2010.

[16]　　ILO. A skilled workforce for strong, suatainable and balanced growth: a G20 training strategy [R]. Geneva: ILO, 2010.

[17]　　JOHNSTON L A.Boom to cusp: prospecting the "New Normal" in China and Africa [M]. Canberra: Austrilian National University Press, 2015.

[18]　　KAUFMAN B E.The institutional economics of John R.Commons: complement and substitute for neoclassical economic theory [J]. Socio-Economic Review, 2007, 5 (1): 3-45.

[19]　　KINGDON G, KNIGHT J. How flexible are wages in response to local unemployment in South Africa? [J]. Industrial and Labor Relations Review, 2006, 59 (3): 471-495.

[20]　　KINGDON G, SANDERFUR J, TEAL F.Labour market flexibility, wages

and incomes in Sun-Saharan Africa in the 1990s [R]. Oxford: University of Oxford, 2005.

[21] KOCHAN T A, KATZ H C, MCKERSIE R B.The transformation of American industrial relations [M]. Ithaca: ILR Press, 1993.

[22] LEOKA T, DAMALINGAM S, GUMA N.Labour pains [EB/OL]. (2012-09-15) [2024-10-14]. http: //research.standardbank.com.

[23] LONG M, SHAH C. Private returns to vocational education and training qualifications [C]. Adelaide: National Centre for Vocational Education Research, 2008.

[24] MAHADEA D. Employment and growth in South Africa: hope or despair? [J]. South African Journal of Economics, 2003, 71 (1): 21-48.

[25] MAHADEA D, SIMSON R. The challenge of "low employment economic growth" in South Africa: 1994-2008 [J]. South African Journal of Economic and Management Sciences, 2010, 13 (4): 391-406.

[26] MAREE J.Trade unions and corporatism in South Africa [J]. Transformation, 1993, (21): 24-54.

[27] MARX A, WOUTERS J, RAYP G, et al .Global governance of labour rights: assessing the effectiveness of transnational public and private policy initiatives [M]. London: Edward Elgar Publishing, 2015.

[28] MIHYO P B.Industrial relations in Tanzania [M] // DAMACHI U G.Industial relations in Africa [M]. London: Macmillan Press Ltd., 1979.

[29] MOSHI H P B.The commercialiasation and privatization of public enterprises in Tanzania: successes, problems and prospects [M] // BAGACHWA M S D, MBELLE A V Y.Economic policy under a multiparty system in Tanzania. Dar es Salaam: Dar es Salaam University Press, 2001.

[30] PAPE M, FAIRBROTHER P, SNELL D. Beyond the state: shaping governance and development policy in an Austrilian region [J]. Regional Studies, 2016, 50 (5): 909-921.

［31］ PRINGLE T，CLARKE S.The challenge of transition：trade unions in Russia，China and Vietnam ［M］. London：Palgrave Macmillan，2011.

［32］ SARB. The South African reserve bank quarterly bulletin ［R］. Pretoria：SARB，2002.

［33］ SCHOEMAN C H，BOTHA I，BLAAUW P F. Labour conflict and the persistence of macro underemployment in South Africa ［J］. South African Journal of Economic and Management Sciences，2010，13（3）：272-292.

［34］ SHIRAZ D.Trade union movement leads the way in Kenya ［J］. Information，Society and Justice，2009，2（2）：197-204.

［35］ TORDOFF W. Government and politics in Tanzania ［M］. Nairobi：East African Publishing House，1967.

［36］ TURNER B.World confederation of labour （WCL）［M］// TURNER B.The statesman's Yearbook 2007.London：Palgrave Macmillan，2006.

［37］ UNITED NATIONS.World economic situation and prospects 2010 ［R］. New York：United Nations，2010.

［38］ WEBB S，WEBB B.Industrial democracy ［M］. London：Longmans，Green & Co.，1902.

［39］ WEBB S，WEBB B.The history of trade unionism ［M］. London：Longmans，Green & Co.，1920.

［40］ 包茂宏. 南非兰德罢工前后的阶级关系与种族主义 ［J］. 世界历史，1993（4）：78-86.

［41］ 巴德. 劳动关系：寻求平衡 ［M］. 于桂兰，于米，于楠，等译. 北京：机械工业出版社，2013.

［42］ 彼得罗夫. 俄罗斯的工人运动和工会：问题与发展趋势 ［J］. 高晓惠，译. 国外理论动态，2012（9）：94-99.

［43］ 布兰潘. 欧洲劳动法：第1册 ［M］. 付欣，张蕊楠，高一波，等译. 北京：商务印书馆，2016.

［44］ 曹永栋，陆跃祥. 西方激励性规制理论研究综述 ［J］. 中国流通经济，

2010, 24 (1): 33-36.

[45] 常凯. 劳动关系的集体化转型与政府劳工政策的完善 [J]. 中国社会科学, 2013 (6): 91-108; 206.

[46] 常凯. 中国劳动关系集体化转型中的两种力量和两种路径 [J]. 二十一世纪, 2016 (4): 30-46.

[47] 常凯. 中国特色劳动关系的阶段、特点和趋势——基于国际比较劳动关系研究的视野 [J]. 武汉大学学报 (哲学社会科学版), 2017 (5): 21-29.

[48] 常凯, 郑小静. 雇佣关系还是合作关系?——互联网经济中用工关系性质辨析 [J]. 中国人民大学学报, 2019 (2): 78-88.

[49] 董保华. 中国劳动基准法的目标选择 [J]. 法学, 2007 (1): 52-60.

[50] 费舍, 黑姆耶克. 荷兰的奇迹: 荷兰的就业增加、福利改革、法团主义 [M]. 张文成, 译. 重庆: 重庆出版社, 2008.

[51] 盖尔特曼. 跨国公司 [M]. 肖云上, 译. 北京: 商务印书馆, 1998.

[52] 管善远. 中国海外企业的社区沟通怎么做?[EB/OL]. (2018-05-02) [2024-10-14]. http://www.chinadevelopmentbrief.org.cn/news-21266.html.

[53] 哈瑞斯. 美国"零工经济"中的从业者、保障和福利 [J]. 汪雨蕙, 译. 环球法律评论, 2018 (4): 7-37.

[54] 杭聪. 论20世纪种族隔离的工会制度对南非社会稳定的影响 [J]. 史学集刊, 2014 (4): 66-72.

[55] 海曼. 劳资关系: 一种马克思主义的分析框架 [M]. 黑启明, 主译. 北京: 中国劳动社会保障出版社, 2008.

[56] 贺文萍. "一带一路"与非洲的跨越式发展 [J]. 开发性金融研究, 2018 (1): 81-85.

[57] 洪永红, 黄星永. "一带一路"倡议下中企对非投资劳动法律风险及应对 [J]. 湘潭大学学报 (哲学社会科学版), 2019, 43 (3): 66-71.

[58] 胡键. 俄罗斯经济转型: 从寡头资本主义到人民资本主义 [J]. 东北亚论坛, 2005 (4): 65-69.

[59] 胡雨霄，郝睿. 中非经济合作的现状和前景——麦肯锡《龙狮共舞》报告观点综述 [M]. 上海：上海社会科学院出版社，2017.

[60] 黄伟，魏薇. 后种族隔离时代南非劳动关系的转型与发展 [J]. 教学与研究，2013 (6)：27-38.

[61] 黄岩，麦靖仪. "一带一路"倡议下西方国家对中资企业在非洲劳动关系的认知误区——以埃塞俄比亚东坚公司为例 [J]. 中国劳动关系学院学报，2020 (4)：38-46.

[62] 黄越钦. 劳动法新论 [M]. 北京：中国政法大学出版社，2003.

[63] 姜列青. 苏联工会演变概述 [J]. 国际共运史研究，1992 (2)：13-18.

[64] 姜列青. 俄罗斯工会的演变及其在新时期的探索 [J]. 当代世界与社会主义，2003 (3)：96-98.

[65] 蒋璐宇. 俄罗斯联邦劳动法典 [M]. 北京：北京大学出版社，2009.

[66] 科特勒，凯勒. 营销管理 [M]. 王永贵，于洪彦，何佳讯，等译. 13版. 上海：格致出版社，2009.

[67] 肯尼亚中央工会组织. 肯尼亚工会 [EB/OL]. (2018-04-29) [2024-12-30]. https：//cotu-kenya.org/our-objectives/.

[68] 李斌. 法航大罢工或引发社会动荡 [N]. 上海文汇报，2014-09-24 (3).

[69] 李晓江，李长江. 非洲中资企业跨文化和谐劳动关系管理研究——以坦桑尼亚为例 [J]. 中国劳动关系学院学报，2016 (6)：15-19.

[70] 李新烽. 中非关系与"一带一路"建设 [J]. 求是，2019 (8)：66-73.

[71] 李雯. 西方规制理论评述 [J]. 南开经济研究，2002 (3)：59-63.

[72] 马克思，恩格斯. 马克思恩格斯全集：第23卷 [M]. 中共中央马克思恩格斯列宁斯大林著作编译局，译. 北京：人民出版社，2006.

[73] 乔健. 在国家、企业和劳工之间：工会在市场经济转型中的多重角色——对1811名企业工会主席的问卷调查 [J]. 当代世界与社会主义，2008 (2)：144-154.

[74] 特雷乌. 意大利劳动法与劳资关系 [M]. 刘艺工，刘吉明，译. 北京：

商务印书馆，2012.

[75] 王健，王红梅. 中国特色政府规制理论新探 [J]. 中国行政管理，2009（3）：36-40.

[76] 王南. 非洲："一带一路"不可或缺的参与者 [J]. 亚太安全与海洋研究，2015（5）：97-109；128.

[77] 韦伯夫妇. 英国工会运动史 [M]. 陈建民，译. 北京：商务印书馆，1959.

[78] 吴清军. 集体协商与"国家主导"下的劳动关系治理——指标管理的策略与实践 [J]. 社会学研究，2012（3）：66-89；243.

[79] 吴清军. 中国劳动关系学40年（1978—2018）[M]. 北京：中国社会科学出版社，2018.

[80] 吴清军，许晓军. 劳资群体性事件与工会利益均衡及表达机制的建立 [J]. 当代世界与社会主义，2010（5）：154-158.

[81] 西弗尔. 劳工的力量：1870年以来的工人运动与全球化 [M]. 张璐，译. 北京：社会科学文献出版社，2012.

[82] 肖巍，钱箭星. 发达国家劳资关系的变奏——罢工的视角 [J]. 国外理论动态，2015（11）：70-76.

[83] 谢富胜，吴越. 零工经济是一种劳资双赢的新型用工关系吗 [J]. 经济学家，2019（6）：5-14.

[84] 徐国冲. 潜在利益集团的规制理论：演进与重构 [J]. 上海行政学院学报，2012，13（2）：41-48.

[85] 许艳丽. 转型期俄罗斯工会与社会领域的变化 [M]. 北京：社会科学文献出版社，2016.

[86] 佚名. 伦敦近万名出租车司机罢工抗议 [EB/OL].（2014-06-12）[2024-10-14]. https://news.cctv.com/2014/06/12/VIDE1402545698512603.shtml.

[87] 佚名. 2亿人上街游行抗议，这可能是人类历史上最大规模罢工 [EB/OL].（2019-01-15）[2024-10-14]. https://baijiahao.baidu.com/s？id=

1622718166906563077&wfr=spider&for=pc.

[88] 佚名. 新西兰约 5 万名教师罢工，教育部长拒绝加薪要求 [EB/OL].
（2019-05-30）[2024-10-14]. https: //baijiahao. baidu. com/s？id=
1634933768911010184&wfr=spider&for=pc.

[89] 佚名. 员工因不满工作条件恶化罢工，卢浮宫闭门谢客一天 [EB/
OL]. （2019-05-28）[2024-10-14]. https：//baijiahao.baidu.com/
s？id=1634760941371206967&wfr=spider&for=pc.

[90] 杨喆. 从俄罗斯对工会的研究看工会转型 [J]. 中国劳动关系学院学报，
2013（3）：73-79.

[91] 叶伊倩，林世爵. 全球竞争力排行榜中的中国——《2019 年全球竞争力
报告》的解读及对中国的启示 [J]. 科技创新发展战略研究，2020（2）：
52-57.

[92] 余维海，杨青青. 国际工人运动中的一支重要力量：世界工会联合会的
回顾与前瞻 [J]. 当代世界社会主义问题，2018（3）：32-41.

[93] 张红凤. 西方政府规制理论变迁的内在逻辑及其启示 [J]. 教学与研究，
2006（5）：70-77.

[94] 张佳华，鞠成伟. 新自由主义市场规制理论及其批判 [J]. 国外理论动
态，2018（8）：34-43.

[95] 张建国. 集体谈判：预防和化解劳资冲突的必然选择 [J]. 理论动态，
2010（29）：1-13.

[96] 张建国. 建立集体协商指导员专业化队伍势在必行 [N]. 工人日报，
2012-01-10（6）.

[97] 张静. 法团主义 [M]. 北京：中国社会科学出版社，2005.

[98] 张晓颖，沈丹雪. 中非工会差异及中资企业在非应对劳资矛盾的行为逻
辑——基于对坦桑尼亚的调研 [J]. 中国劳动关系学院学报，2018（4）：
116-124.

[99] 赵德余. 工会组织在职工工资决定中的影响与作用：来自上海的经验
[J]. 社会科学战线，2011（3）：46-53.

[100] 赵银平. 商务部：上半年我国对"一带一路"沿线国家投资增长较快 [EB/OL]. （2020-07-23）[2024-10-14]. https：//www.yidaiyilu.gov.cn/jcsj/zgsj/dwdz/139128.htm.

[101] 郑祁，杨伟国. 零工经济的研究视角——基于西方经典文献的述评 [J]. 中国人力资源开发，2019（1）：129-137.

[102] 中华全国总工会组织部. 中国工会章程简史 [M]. 北京：中国工人出版社，2018.

[103] 中华人民共和国商务部. 对外投资合作国别（地区）指南：肯尼亚（2019 年版）[EB/OL]. [2024-10-14]. http：//www.mofcom.gov.cn/dl/gbdqzn/upload/kenniya.pdf.

[104] 中华人民共和国商务部. 对外投资合作国别（地区）指南：南非（2019 年版）[EB/OL]. （2020-08-30）[2024-10-14]. http：//www.mofcom.gov.cn/dl/gbdqzn/upload/nanfei.pdf.

[105] 中华人民共和国商务部. 对外投资合作国别（地区）指南：坦桑尼亚（2019 年版）[EB/OL]. [2024-10-14]. http：//www.mofcom.gov.cn/dl/gbdqzn/upload/tansangniya.pdf.

[106] 中华人民共和国驻坦桑尼亚联合共和国经济商务代表处. 坦桑尼亚概况 [EB/OL]. （2018-09-27）[2024-10-14]. http：//tz.mofcom.gov.cn/article/ddgk/201809/20180902783284.shtml.

[107] 中华人民共和国商务部，国家统计局，国家外汇管理局. 2017年度中国对外直接投资统计公报 [M]. 北京：中国统计出版社，2018.

[108] 中华人民共和国外交部. 南非国家概况 [EB/OL]. [2024-10-14]. https：//www.fmprc.gov.cn/web/gjhdq_676201/gj_676203/fz_677316/1206_678284/1206x0_678286/.

[109] 中华人民共和国外交部. 中国同南非的关系 [EB/OL]. [2024-10-14]. https：//www.fmprc.gov.cn/web/gjhdq_676201/gj_676203/fz_677316/1206_678284/sbgx_678288/.

[110] 中华人民共和国外交部. 肯尼亚国家概况 [EB/OL]. [2024-10-14].

　　https：//www.fmprc.gov.cn/web/gjhdq_676201/gj_676203/fz_677316/1206_677946/1206x0_677948/.

[111] 中华人民共和国外交部.坦桑尼亚国家概况［EB/OL］.［2024-10-14］. https：//www.fmprc.gov.cn/web/gjhdq_676201/gj_676203/fz_677316/1206_678574/1206x0_678576/.

[112] 中华人民共和国驻坦桑尼亚联合共和国经济商务代表处.坦桑尼亚工会呼吁再次削减工资所得税［EB/OL］.（2019-03-12）［2024-10-14］. http：//tz.mofcom.gov.cn/article/jmxw/201903/20190302842075.shtml.

[113] 中华人民共和国驻坦桑尼亚联合共和国经济商务代表处.坦桑尼亚劳工政策［EB/OL］.（2008-03-28）［2024-10-14］. http：//tz.mofcom.gov.cn/article/ddfg/200803/20080305445908.shtml.

[114] 朱斌.北欧社会模式与工会的地位和作用［J］.当代世界与社会主义，2008（2）：41-45.

附 录

附录一：新加坡全国职工总会章程

第1条 名称

本机构名称为新加坡全国职工总会（以下简称"新职总"）。

第2条 注册地址

新职总注册地址为新加坡滨海大道1（邮编：018989），或中央委员会指定的其他地点。

第3条 对象

（i）新职总的主要目标是：

（a）改善工人的工作条件，提高工人的经济地位和社会地位。

（b）通过促进工人与雇主之间良好的劳资关系，提高生产率，使工人、雇主和新加坡经济从中受益。

（ii）新职总的其他目标是：

（a）形成以工会为核心的，民主、爱国和进步工会运动的全国中心，成为代表新加坡劳动人民的各行业协会和合作伙伴的网络。

（b）支持和维护工人自由结社的权利。

（c）致力于消除一切基于宗教、种族、性别和社会地位的歧视。

（d）促进和协助工人成立工会，确保所有工人都能拥有有效和完善的工会组织。

（e）鼓励工会改建或重组，以便根据具体情况为一个行业或机构设立一个工会。

（f）构建一个民主的、社会主义的社会，抵制在任何地方对他人的经济和社会剥削。

（g）协助并代表附属工会执行工会的任何或所有职能。

（h）按照新加坡共和国法律的有关规定，新职总以合作或其他方式，促进、组织和经营合作企业或者工商企业。

（i）促进和组织文化、教育、工业、娱乐、社会、慈善和其他活动，为工人及其家属提供福利。设立中央委员会认为必要并对工人有利的信托基金和其他计划。

（j）为实现上述任何目标，代表大会或者中央委员会可以随时作出一切必要的、附带的或有利的决定。

第4条　会员

（i）（a）任何已登记的工人工会，其目标与新职总的目标不相抵触，则有资格加入新职总。代表同一类别或同一机构或行业工人的两个或两个以上工会，可由中央委员会以其绝对酌情权决定联合起来，为加入新职总而视为一个单一的会员。除非上下文另有要求，本章程中的"会员"一词应包括附属机构组成的每个工会。

（b）入会申请按规定形式提出，通过秘书长提交中央委员会批准。申请人还应当提交其章程、规则的副本和中央委员会要求的其他事项。

（c）中央委员会可以根据本条第（i）款（a）项的规定拒绝任何申请，而无须作出任何解释，不得指示申请人与另一申请人或者其他申请人或者现有会员合并。

（d）中央委员会可以要求成功申请者在缴纳中央委员会确定的入会费，并满足本章程附录二所列条件时，方可注册为新职总会员。

（ii）（a）新职总会员应根据代表大会的任何决议修改其规则或章程。

（b）在将修正案提交会员最高当局讨论，并通过其规则或章程的任何修正案一个月内之前，每个会员应以书面形式将任何修改其章程的提案通知新职总。

（c）会员应在其规则或章程的每次修订后，向新职总提交秘书长规定的经适当修正的规则或章程的副本。

（iii）新职总会员应当及时提供中央委员会要求的报告和资料。

（iv）（a）会员若退出新职总，需提前一个月通知中央委员会。但任何在享受新职总为其实施的制度的利益期间寻求解散的会员，应提前六个日历月通知脱离新职总。

（b）所有相关费用和税款应在退出生效之日之前支付。

（v）会员无权就任何事项获得财政或其他方面的任何援助，除非此事已提交中央委员会并被批准。

（vi）会员和准会员只能是新加坡或国外的工会组织或其他组织的成员或与之相关联的组织，并且只能代表此类工会机构或组织开展活动，或参与经中央委员会批准的新加坡或海外工会机构或组织主办的活动；未经中央委员会正式批准，任何会员不得派代表出席或向国际或区域性机构发表意见。在中央委员会提出要求时，会员或准会员不得成为新加坡或海外工会机构或任何其他组织的成员或以任何方式与其有联系。

（vii）各会员应从下列方面获得它们可能需要的任何法律咨询和援助：

（a）新职总行政和研究部提供法律服务。

（b）法律顾问小组。会员可就任何特定个人或公司列入或不列入小组提出提名或反对意见，但须由中央委员会作出最后决定；此外，还进一步规定中央委员会有权将任何法律顾问从小组中除名，且不需要说明任何理由。经中央委员会同意，会员可以向专门从事咨询工作的法律执业者咨询。

（viii）会员可任命经新职总秘书长正式确认适合相关任命的人员为顾问、劳资关系主任或任何此类其他职位，或中央委员会认为必要和可取的任何其他职位，不论其是否为受薪工作人员。但此类任命，在秘书长以任何理由撤销时，即视为终止。

（ix）如果审计检查制度受到新职总或会员的影响，则参加该制度的每一个会员应从中央委员会设立的会计师或审计师小组中任命其外部审计师。任何会员可就任何特定个人或公司列入或不列入小组提出提名或提出反对意见，但中央委员会就此作出的决定为最终决定。

（x）中央委员会认为属于下列情形之一的会员，可以立即开除或者停职，可以按照中央委员会自行决定的方式处以罚款或处罚：

（a）有违反本章程的行为，或者从事有损于新职总任何目标、决议和一般政策的活动。

（b）未能执行或遵守新职总的任何决议或中央委员会的任何指示。

（c）揭示了其严重缺陷、管理不善或不正当的行为。

暂停的期限或者解除的条件、罚款数额或者处罚性质由中央委员会决定。暂停期间，会员不享有任何权利或特权。被停职的会员，在前六个月或者任何规定的停业期限内，未给予中央委员会满意的充分补偿，总共不超过一年的，可以被新职总开除。未缴纳罚款的会员，可被新职总停职。向全国代表大会或者普通代表大会提出关于反对开除或者停职或者罚款的上诉通知书，应当在中央委员会作出决定后六个月内以书面形式向秘书长提出。

（xi）（a）工人工会、注册协会或任何其他组织，以前根据本章程第4条第（iv）款规定脱离新职总，或根据规定从新职总登记册处除名后又申请重新加入的，中央委员会有权增加任何申请条件或者拒绝申请，且不必说明理由。

（b）被开除出新职总的工人工会可向中央委员会申请重新加入，说明支持申请的理由，中央委员会应将这一申请提交下一次普通代表大会或全国代表大会审议。

（xii）除中央委员会决定免除会员会费或因会员特殊情况而减少会费外，各会员均须附属于新加坡劳工基金会，并作为会员登记册上的每一位成员，按年度缴纳一美元的会费和中央委员会决定的其他款项。

（xiii）（a）如果两个或两个以上会员之间就组织和代表一组工人的权利发生任何争议，秘书长有权就此事进行调查并作出决定。

（b）如果卷入这种争端的一个或多个会员已经得到雇主的承认，秘书长可在争端解决之前，经雇主同意，委任一名或多人或新职总专门机构，为该会员所代表的工人利益提供所需的任何服务。秘书长也可以代表会员与雇主进行谈判。

（c）当秘书长根据第4条第（xiii）款第（a）项的规定介入任何争端时，参与争端的会员应遵守秘书长作出的指示。

（d）当涉及工人组织和代表权争端的会员得到雇主的承认时，秘书长根据第4条第（xiii）款第（b）项的规定任命一人或多人或任何专业人员为该会员提供服务，中央委员会可要求会员以认购、征税、摊派等方式，将到期应付的款项转让给新职总，并将其分配给新职总安排。新职总收到的任何款项减去应付给新职总和新加坡劳工基金会的任何费用，应在争端解决后尽快退还给会员。

（e）秘书长和（或）中央委员会行使上述规定职权的期限不得超过六个月，但是经会员同意，可以再延长至多不超过六个月。

第5条　准会员

（i）（a）在新加坡正式注册或注册成立的机构（不包括工会，但包括已注册的合作社和协会），若其宗旨与劳工运动的目标一致，即致力于接触、服务并代表劳动群体，可申请成为准会员。其附属形式及相关责任由中央委员会依照第4条的规定确定。

（b）除非中央委员会以恰当的理由一致同意以其绝对酌情权可施加的条款及条件批准任何该类申请以外，工会不得被接纳为新职总的准会员。

（ii）每个准会员有义务履行以下义务：

（a）按照中央委员会调整后确定的年度收费标准缴纳费用。

（b）缴纳中央委员会不定时决定由准会员或者准会员类别缴纳的其他税款、缴款或者费用。

（c）在加入任何国际组织或参与任何国际组织在新加坡共和国境内的活动时，应事先获得中央委员会的正式批准。

（iii）任何准会员如超过两个季度未拖欠任何会费、税款或缴款，均有资格派遣两名代表出席代表大会，并有权发表意见，但在会议上无表决权。

（iv）作为合作社的每个准会员都必须是新加坡劳工基金会的会员，并向新加坡劳工基金会支付入会费、会员费以及由新加坡劳工基金会与中央委员会和有关附属机构协商决定的其他费用。

第6条　会费及其他费用

（i）（a）所有款项均应按月支付，并应在付款后的三个星期内支付给财务主管。

（b）未偿付的任何款项应被视为拖欠款项，所有欠款应按每月或按欠款部分的百分之一缴付罚款，但罚款最少须缴付一新元。

（c）如果拖欠款项和（或）罚款超过六个月未被清偿，违约的会员可以由中央委员会以其绝对酌情权决定从新职总所属登记机关注销。

（d）如果证明是有困难或情有可原的情况，中央委员会可以延长付款时限或免除全部或部分欠款和罚款。

（e）会费的标准费率由代表大会决定，并列于本章程附录一，但中央委员会以其绝对酌情权可以批准特别会费率。

（f）每个会员应向新职总支付相当于一个月会员费的费用，该费用应从会员的普通员工年度工资补贴和（或）年度奖金中扣除，此项费用应用于为新职总中央委员会认为合适的工会成员提供相关福利。会员应自中央委员会规定之日起开始缴纳本年度费用，并由中央委员会不定时进行审查。

（g）除中央委员会另有明确规定外，会员停业期间，应当继续缴纳会费和本年度费用。

（ii）中央委员会有权在其认为适当的期间内，以其绝对酌情权，对新职总任何附属组织或专门机构提供的服务，向新职总的会员收取其认为适当的费用。

（iii）中央委员会有权暂停未支付会费或未缴纳本条第（ii）款规定的费用三个月或以上的会员的权利。在暂停期间，除中央委员会另有明确规定外，会员无权派代表出席代表大会，也无权接受由新职总或其附属组织或专门机构以任何方式提供的各种服务。

第7条　征费

代表大会有权对会员征收费用，会员应在中央委员会规定的期限内缴纳。根据第6条的规定，未缴纳的款项应被视为拖欠款项。对拖欠款项的追讨或免除应当按照规定执行。

第8条　代表

（i）（a）凡支付标准入会费用且未根据第4条第（x）款暂停会员权利的普通会员，均有权在任何代表大会上享有以下代表权（"付费会员"包括普通会员和工会的普通成员）：

已付费成员总数	代表总数
749以内	2
750至1 249	3

1 250 至 1 749	4
1 750 至 2 249	5
2 250 至 2 749	6
2 750 至 3 999	7
4 000 至 5 999	8
6 000 至 7 999	9
8 000 至 11 249	10
11 250 至 16249	11
16 250 至 21 249	12
21 250 至 28 999	13
29 000 至 38 999	14
39 000 至 48 999	15

……

（b）经中央委员会批准，缴纳低于标准会费，并根据第4条第（x）款不被暂停会员权利的会员，均有权派代表参加代表大会。如果各会员根据本条本款第（a）项享有此代表权，则其选举代表的总数不得超过代表大会代表总数的一半。

（ii）根据本条第（i）款（b）项确定的未按规定缴纳标准会费的会员，其代表人数减少一年期满，可以按照中央委员会的规定，暂停其会员资格，为期不超过六个月。除非中央委员会另有明确规定，否则以其绝对酌情权，此后会员资格应被注销。

（iii）如果中央委员会认为会员无法支付标准会费确实情有可原，中央委员会以其绝对酌情权决定会员可以在没有支付标准的相关费用时，在代表大会上享有全部或部分代表权。若其余条款与本条款相冲突，以本条款为准。

第 9 条　代表大会

（i）新职总的最高权力机构是代表大会，其形式为全国代表大会、普通代表大会或特别代表大会。全国代表大会每四年举行一次，应在特定年份的 12 月 31 日召开。在全国代表大会之间，应举行一次普通代表大会，该大会将在上一次全国代表大会召开两年内召开。所有特别代表大会均可根据不少于百分之五十的会员的书面申请或根据中央委员会的指示召开。特别代表大会应当在中央委员会决定召开之日起一个月内召开，或者从中央委员会收到会议申请之日起两个月内召开。全国代表大会应当提前三十天通知会议议程，普通代表大会和特别代表大会应当提前七天通知会议议程。

（ii）各代表大会召开时，应决定下列事项：

（a）中央委员会委员，但根据第 12 条第（i）款（a）项选举产生的现任中央委员会委员、不再担任代表职务的，有权参加代表大会，但不享有投票权。未再次当选、即将离任的中央委员会委员，除有选举产生的代表资格或干部代表资格外，不得参加新中央委员会选举后的全国代表大会。

（b）当选代表，其由会员根据各自的规则或章程选举或任命。当选代表应当在全国代表大会召开之前至少二十一天，或在普通代表大会或特别代表大会（视情况而定）召开前七天以书面形式通知秘书长，但中央委员会可以免除这一要求。

（c）中央委员会依照秘书长与会议主席协商的建议，根据第 14 条第（xiii）款，可以随时任命干部代表。

第 10 条　法定人数

在新职总及其所属机构的所有会议上，法定人数为不少于百分之五十的会员。在法定人数不足的情况下，会议休会七天。出席会议的人应达到法定人数，休会期间不得在议程中增加新的事项。

第 11 条　投票

（i）在立法不需要进行无记名投票的情况下，会议主席应就投票形式作出决定。除本章程修正案只能由当选代表和干部代表的三分之二多数通过外，其他一切决定由在场的代表过半数通过即可。

（ii）对中央委员会的选举、本章程修正案、新职总解散以及影响新职总附属机构的任何其他事项，应以无记名投票方式进行表决。

（iii）在以举手或无记名投票方式进行的任何表决中，每位当选代表和每位干部代表均享有投票权。

第 12 条　中央委员会

（i）中央委员会的组成如下：

（a）在代表大会召开时或召开之前，由当选代表和干部代表无记名投票，从当选代表和干部代表提名的候选人中选出二十一名委员，但同一会员中当选的中央委员会委员不得超过两人；

（b）秘书长，任职者不应是二十一名委员之一；

（c）中央委员会可以根据秘书长的建议随时任命相关人员；但凡未当选为中央委员会的副秘书长，均应由中央委员会任命，并进一步规定所有未当选或未被任命为中央委员会的助埋秘书长及新职总、其他指定工作的人员均可出席并参加中央委员会的任何议程，但无表决权。

（ii）中央委员会委员选举产生后，从当选委员和干部代表中选出一名秘书长。

（iii）中央委员会当选委员和秘书长应在他们之中选出一名主席、三名副主席和一名财务秘书。

（iv）无论干部代表是否有资格成为当选代表，在任何情况下，当选或被任命为中央委员会委员的干部代表人数，不得超过中央委员会总人数的一半。

（v）中央委员会可以不定时以其绝对酌情权，邀请新职总普通会员、准会员、附属组织的代表参加中央委员会的议程，但根据秘书长的建议，这些代表可能不享有投票权。

第 13 条　秘书处

（i）秘书处由秘书长、副秘书长和助理秘书长组成。副秘书长和助理秘书长不超过八人，其中副秘书长、财务秘书不得超过三人；其他由中央委员会规定职责和权力的秘书的人数，应不定时根据秘书长的建议作出决定。秘书处成员除秘书长和财政秘书外，均由中央委员会根据秘书长的建议，从中央委员会当选委员、新职总干部代表和新职总及其附属机构的工作人员中任命。秘书长缺席时，应由一名副秘书长主持秘书处的所有会议，并签署确认的会议记录。

（ii）除秘书长以外的其他秘书处成员的任免、职责和权力，由中央委员会根据秘书长的建议，随时予以调整；但财务秘书的任免、职责和权力不得改变，不得以任何方式与《新加坡工会法》或本章程中关于工会财务秘书或类似事务秘书所规定的职能相抵触。任何任免、职责和权力的变更应以书面形式通知所有会员。

（iii）新职总任何部门或附属组织的行政机构的成员均可应邀出席和参加秘书处的任何会议，但无表决权。

第 14 条　中央委员会的任期和权力

（i）中央委员会是新职总的规划、政策和执行机关。它应作出其认为适当的所有决定和行动，以推进新职总的目标实现，并在服从代表大会最高权力的情况下，拥有会议的一切权力。

（ii）在不违背代表大会最高权力的情况下，中央委员会应负责起草所有会议规则和条例，以规范代表大会的举行和议事工作。会议规则和条例可由代表大会随时修改或变更。在没有任何修改或变更的情况下，代表大会的会议规则和条例应与上次代表大会所适用的会议规则和条例相同，但任何代表大会经出席会议的代表不少于三分之二的批准，可暂停执行任何会议规则和条例。

（iii）（a）中央委员会可自行决定邀请任何知名人士主持代表大会，但该人士无表决权。如无邀请，应由主席或副主席主持代表大会。

（b）代表大会的主持人应按照适用于代表大会的会议规则和条例主持代表大会，并应在会议确认的会议记录上签字。

（iv）（a）除非主席明确拒绝主持他出席的中央委员会的会议；否则，主席应主持该会议，并应在会议记录上签字确认。在主席缺席的情况下，由一名副主席主持中央委员会的会议。

（b）中央委员会的会议记录和中央委员会发布的通知、文件、出版物的副本，应悉数上交给主席。

（v）秘书长是新职总的行政首长，对代表大会负责。秘书长有权建议委任及更换财务秘书以外的秘书处成员。秘书长有权与主席协商，并向中央委员会建议干部代表的任免。他亦可向中央委员会推荐顾问、建议顾问的委任及更换。

（vi）财政秘书应负责新职总的所有款项，并应向新职总提交财务报告。

（vii）中央委员会有权罢免其认为伤害或企图伤害新职总，或违反新职总利益的任何官员或受托人的职务。关于罢免职务的决定应向代表大会提出。

（viii）中央委员会一届任期为四年，尽管与本章程有冲突，但在2000年至2003年期间，当选的新职总中央委员会有权任职至2003年12月31日。期间的空缺由中央委员会填补。

（ix）在代表大会闭会期间，中央委员会有权解释本章程，决定本章程未提及的任何事项，并制定相关条例，以便适当和有序地行使本章程赋予的任何权力。

（x）中央委员会有权设立相关委员会，协助处理业务和事务，包括应会员自己的要求，或应由一个以上工会组成的会员的要求，选举工会的负责人，由中央委员会以其绝对酌情权自行决定调整新职总与组成工会之间的关系。

（xi）中央委员会有权安排任何计划，由雇主代替工会出资，从雇主的薪金或工资中扣除工会认购、供款和税款。中央委员会可以为任何会员参与该计划施加其认为适当的条件，并可拒绝或撤销任何会员参与该计划。

（xii）中央委员会有权购买、出售、借出、出租、租赁、抵押、开发或者以其他方式取得、处理、处置为实现新职总的全部或者任何一项目标所可能需要的动产或不动产。

（xiii）中央委员会有权任命经秘书长与主席协商后推荐的、对代表大会及其附属机构的组织和代表作出贡献或者能够作出贡献的人，担任干部代表。干部代表有权出席代表大会并投票，且可以在新职总中担任任何职务，不论这些人是否有资格成为新职总会员的成员。但干部代表总数不得超过当选代表总数的三分之一。干部代表的任用，直至中央委员会事先征得秘书长同主席协商同意撤销为止。

第15条　代表大会事项

全国代表大会的工作是审议和决定与工会运动有关的所有政策问题，接受和审查中央委员会和秘书处的报告，选举产生中央委员会，审议和决定列入议程的所有其他事项。除选举中央委员会委员外，普通代表大会的工作应与全国代表大会的工作相同。特别代表大会的工作应只包括审议和决定召开特别代表大会的事项。

第16条　财务

（i）财务秘书应负责新职总的全部经费。他最多可以保留5 000

美元以应付小额开支。所有其他现金必须存入中央委员会批准的银行。

（ii）（a）秘书长应批准任何不超过50 000美元的支出项目。

（b）超过50 000美元的任何支出项目，须经中央委员会批准。

（c）新职总的所有支票必须由主席签署，或在他缺席时由副主席和财务秘书签署，或在他缺席时由秘书长签署。

（d）根据《新加坡工会法》关于工会经费使用的规定，新职总经费只能用于推进新职总目标的实现。

（e）新职总的财政年度为1月1日至12月31日。

第17条　审计师

注册会计师事务所由中央委员会指定，为新职总进行内部审计工作。中央委员会还应当从其他注册会计师事务所聘请外聘审计员，中央委员会必须保证聘任为外聘审计员的注册会计师事务任期不能超过5年。

提交代表大会的财务报表应由外部审计师核证。

所有审计师应充分和自由地获得新职总的所有会计文件。

第18条　受托人

（i）中央委员会委任最少三名、最多四名受托人，任期为四年，而委任受托人的任期不得连任超过三届。

（ii）受托人应将属于新职总的一切动产和不动产赋予联权共有人，以供新职总及其附属机构使用和受益。他们应按照中央委员会的指示履行职责。

（iii）在中央委员会的任何受托人死亡、破产、丧失工作能力、辞职或免职的情况下，中央委员会应当任命合适的人选填补受托人的空缺，以便至少有三名受托人在任。在这种情况下，被任命的受托人的任期应在其被任命接替的受托人任期结束的同一天结束。

任何受托人的任免必须由至少三分之二的中央委员会委员的同意。

（iv）除事先书面批准外，中央委员会应当确保非新加坡公民或者担任过主席、秘书长、财务秘书职务或者其他类似职务的人员，不得继续担任或者被任命为受托人。

第 19 条　会员的注册和账簿

会员的注册和账簿均可供任何经认可的会员查阅，但须及时通知。

第 20 条　解散

只有在超过四分之三的会员投票同意解散的情况下，新职总才可以被解散。解散后，所有剩余资产应按认缴的费用和征税额在会员之间按比例分配。

附录二：俄罗斯联邦工会活动保障法案

（国家杜马1995年12月8日通过，1996年1月12日颁布。）

第一章　总则

1. 立法目的

国家保障公民行使结社权组成的工会及其相关组织，保障这些组织成员的结社权及衍生的公共关系。

本法规定了工会活动的法律基础，包括工会与联邦政府、地方政府、雇主、协会、其他社会团体等的关系。

本法规定了职业联盟及其相关组织的法律地位，包括其作为社会组织、协会、工会的特点。

2. 统一权

工会由劳动者自愿加入，由共同的生产利益、专业利益和行动联系起来，保障工会成员平等地享有劳动权利。

非营利部门适用于工会法律。

任何年满14周岁及以上和从事专业性劳动活动的公民都有权加入或组织工会。

定居在外国的俄罗斯公民可以选择在国内参加工会。

国内的工会组织有权与其他国家工会合作，签订协议或加入联盟、协会及组织等。

3. 基本术语

工会组织是在一个组织中工作的工会成员自愿组成的联合会，不论其所有制和隶属关系的形式如何，也不论其分支机构如何。在基层工会组织结构中，可以根据各自的章程成立车间工会、团体或其他组织单位。

全俄工会——联邦境内的工会会员自愿建立的联合会，是一个或多个部门及其职工基于共同的社会劳动利益和职业利益，在俄罗斯联邦全境，或俄罗斯联邦半数以上的领土上开展活动的组织；在全俄工会的组织结构中，可以根据工会章程成立地区性工会组织和其他工会联合会。

全俄工会联合会（协会）——全俄工会、地区联合会（协会）和工会组织的自愿联合会。

区域间工会——一个或多个行业、一个或多个经济活动的工会会员自愿联合会；在区域间工会的组织结构中，可以根据其章程成立地区工会组织和其他工会联合会。

工会组织区域间联合会（协会）——工会联合会区域间和（或）领土联合会（协会）的自愿联合会。

工会组织的地区联合会（协会）——全俄、区域间和跨地区工会组织的自愿联合会。

地区性工会组织是由属于全俄罗斯或全俄罗斯工会组织的基层工会组织组成的工会成员自愿联合会。

工会机构是根据工会、工会联合会（协会）或初级工会组织章程成立的机构。

4. 适用范围

本联邦法适用于在俄罗斯联邦境内的所有工会组织，以及在国外的俄罗斯工会组织等。

本联邦法规定的工会权利和保障措施适用于所有初级工会组织、工会及其协会。

本联邦法适用于军人、俄罗斯联邦内务机关工作人员、国家劳动和社会保障部工作人员、俄罗斯联邦民防、紧急情况和自然灾害管理部消防局、俄罗斯联邦安全局各机关、俄罗斯联邦海关机关、俄罗斯联邦调查委员会、俄罗斯联邦国民警卫队部队的工作人员、法官和检察官等。

5. 工会的独立性

工会独立于行政部门、地方政府、雇主及其协会、政党及其他机构。

禁止联邦政府、地方政府及其官员干涉工会的活动，以避免这些活动导致的对权利的限制。

6. 工会活动的法律框架

工会在与联邦政府、地方政府、雇主及其协会和其他社会联合体的关系中，其权利来自俄罗斯联邦宪法、俄罗斯联邦法律以及俄罗斯联邦主体的法律。

俄罗斯联邦各主体的法律不能限制工会的权利。

7. 工会章程

工会及其联合会（协会）独立制定和通过自己的章程、组织结构、组织权限，并基于此组织自己的活动。属于全俄、地区间工会组织的初级工会组织、其他工会组织的章程和反垄断组织的章程不得与有关工会及其联合会（协会）的章程发生冲突。

（1）工会章程应规定：

工会的名称、目的和宗旨；

工会会员的类别和（所属）专业团体；

成立工会、加入和退出工会的条件和程序，工会成员的权利和义务；

工会在境内开展活动的范围；

组织结构；

工会机构的组建和权限、管理人员的任期；

对章程进行补充和修改的方式、交纳入会费和会费的方式；

收入和其他财产的来源、工会财产的管理；

工会机构所在地；

工会的重组、解散和清算，以及使用工会财产的程序；

与工会有关的其他问题。

（2）工会联合会（协会）章程应规定：

工会联合会（协会）的名称、宗旨；

成员情况；

其活动所在的领土范围；

工会的组织和权限；

工会机构所在地；

工会机构的任期；

收入和其他财产的来源、工会财产的管理；

章程的补充和修改程序；

重组、终止和清算工会（协会）及其财产的方式；

与工会联合会（协会）活动有关的其他事项。

8. 工会作为法人的权利与义务

工会、工会联合会（协会）、初级工会组织、其他属于全俄或区域间组织的工会组织，其法律行为能力自登记之日起生效，自登记破产之日起失效。

工会、工会联合会（协会）和初级工会组织可向法院提出拒绝或回避国家登记的上诉。

9. 反歧视条款

参加或不参加工会不受俄罗斯联邦宪法保障的公民的社会劳动、政治和其他权利及自由的限制。

禁止以加入或不加入工会为条件限制个人的就业、晋升和解雇。

10. 重组、终止、中止、禁止和解散工会

工会或初级工会组织的重组或终止，应根据其成员的决定，按照工会章程、首席执行官章程规定的程序进行。

对工会或通过重组建立的初级工会组织进行国家登记所需的文件应提交联邦组织。

如果工会的活动违反俄罗斯联邦宪法、俄罗斯联邦主体宪法（章程）和俄罗斯联邦法律，俄罗斯联邦最高法院或俄罗斯联邦主体相关法院根据俄罗斯联邦总检察长的申请作出的判决进行干预或中止，不得根据任何其他机构的决定中止或禁止工会的活动。

根据《俄罗斯联邦紧急状态法》规定的程序和理由，可以中止或禁止工会、初级工会组织的活动。

第二章　工会的基本权利

11. 工会有权代表和保护工人的社会劳动权利和利益

工会、工会联合会（协会）、基层工会组织及其机构代表保护工会成员在个人劳动和劳动关系问题上的权利和利益。在集体权利和利益方面，无论工会会员是谁，都有权利和适当程序由所属工会代表其权利。

影响工人社会劳动权利的立法草案由俄罗斯联邦国家权力机构根据全俄工会联合会的建议进行审议。

影响工人社会劳动权利的规范性法律草案由行政部门和地方自治机构审查通过。

工会有权提出建议，由国家有关当局通过与社会工作有关的法律和其他条例。

工会保护其成员自由决定其工作能力、选择职业的权利，以及不受任何歧视地获得工作报酬的权利。

工资制度、物质奖励形式、工资率（工资）和劳动标准由雇主及其协会（工会）根据协议确定。在集体协议和协议中应当作出明确规定。

工会有权参加国家、地方政府机构以及雇主及其协会（工会）和其他有关工会的审查。

工会代表有权不受阻碍地访问有关工会成员工作的组织和工作场所，以便完成章程规定的任务和提供服务。

12. 工会有权促进就业

工会有权参与制定国家就业方案，提出对就业受到不利影响的工会成员的社会保护措施。

工会有权向地方政府提出建议，要求推迟或暂时停止与大规模驱逐有关的活动。

工会联合会与工会会员就工会成员的权利和利益进行谈判，因工会组织变动减少工作机会或降低工作条件须在三个月前通知会员。

只有在有关工会事先同意的情况下，方可根据雇主的提议解除与工会成员的劳动合同；在法律、集体协议、协议规定的情况下，民间社会组织可向国家人权委员会提出申诉。

在俄罗斯联邦，外国劳动力的吸收和使用是根据全俄工会或领土单位的意见进行的。

13. 工会集体谈判、协议、集体协议和监督协议执行情况的权利

工会、工会联合会（协会）、基层工会组织及其机构有权进行集体谈判、缔结协议和集体协议。

工会参与集体谈判的代表数量根据其会员数量确定。

如果有几个不同工会的初级工会组织，它们在集体谈判和集体协议中的代表权根据工会会员的代表人数确定限额。

雇主代表不得代表雇员谈判和缔结协议及集体协议。

雇主、雇主协会（工会）、行政部门和地方政府必须与基层工会组织进行集体谈判，工会及其协会是这种谈判的发起人，并根据各方商定的条件缔结集体协议和协议。

初级工会组织、工会及其协会有权监督集体协议和协议的执行情况。如果雇主、雇主协会（工会）、行政部门和地方政府机构违反集体协议的条款，初级工会组织、工会、工会联合会及其机构有权向它们提出关于纠正这些违法行为的意见，该意见一并提交给国家劳动和社会保障部。如果在规定的时间内未能纠正这些违约行为或未能达成协议，争议将根据联邦法律处理。

14. 工会参与解决集体劳资纠纷的权利

工会有权参与集体劳资纠纷的解决，有权组织和举行罢工、集会、工会代表大会。这是以游行、示威、纠察和其他集体行动为手

段，保护工人的社会劳动权利和利益的方式。

15. 工会与雇主及其协会（工会）、公共当局和地方政府的关系

工会与雇主、雇主协会（工会）、公共当局和地方政府的关系是建立在社会伙伴的基础上的。劳动关系的各当事方、其代表通过集体协议和集体协议制度进行合作。

工会有权根据俄罗斯联邦法律和俄罗斯联邦主体法律参加国家和地方政府的选举。

工会与其他社会伙伴享有平等权利，有权平等参与管理社会保险、就业、医疗保险和社会保险基金。根据工会法，工会有权使用上述资金，并在其他组织使用上述资金时进行监督。这些基金会的章程（规定）是与全俄工会联合会（协会）或相关的全俄工会协商确定的。

工会负责组织工会成员及其家属的健康活动。资金支持额度由俄罗斯联邦社会保险基金管理机构（董事会）根据相关工会的建议确定。

工会有权与国家、地方政府、协会（工会）和萨纳托发展组织进行合作，开展旅游、大众体育和娱乐活动。

16. 工会及其机构与组织内其他工人代表机构的关系

工会、基层工会组织及其机构与本组织其他工人代表机构之间的关系是以合作为基础的。在本联邦法规定的情况下，不得利用雇员在组织中的其他代表机构来阻止工会的活动。

工会有权提名其代表参加本组织其他雇员代表机构的选举。

根据工人的授权，工会有权在该组织的集体管理机构中派驻自己的代表。

工会代表参加其他工人代表机构的工作，不得剥夺他们直接向雇主提出涉及工会会员利益问题的申诉的权利。

17. 工会的知情权

为了开展法定活动，工会有权免费和不受阻碍地从雇主、其联合会（工会、协会）和国家权力机关获得关于社会劳动问题的信息。

工会机构有权讨论所收到的信息，并邀请雇主代表、他们的协会、组织的管理机构和国家机关的代表参加。

工会有权按照与新闻机构的合同的约定来使用国家媒体，也有权创建自己的新闻机构。

18. 工会参加培训和补充职业教育的权利

工会有权成立教育组织和科学组织，对工会和工会会员进行培训和补充职业教育。

工会的教育组织和科学组织可以按照规定程序制定预算并获得资金。

19. 工会有监督劳工法执行情况的权利

工会有权对雇主和官员遵守劳动法的情况进行监督，包括在劳动合同问题上的监督。《俄罗斯联邦劳动法典》规定了劳动和休息时间、报酬、保障和补偿及福利，以及其他社会劳动问题。该法规定，工会有权要求纠正所发现的违法行为。雇主和官员有义务在收到关于纠正违法行为的要求一周内，将审查结果和采取的措施通知工会。

工会有权设立自己的劳动监察局，劳动监察局有权根据《俄罗斯联邦劳动法典》和工会通过的条例行使规定的权力。工会及其劳动监察局在行使这些权力时，与联邦执行权力机构合作，联邦执行权力机构负责国家对工会的监督。《俄罗斯联邦劳动法典》和其他载有劳动法规定的法规与其他联邦行政部门的法规是一致的。

工会监察员有权不受阻碍地访问组织，无论其成员的所有制形式和隶属关系如何，以便进行工会活动。雇主必须遵守劳动法和工会法，并遵守集体协议和协议的条款。

20. 工会在劳动环境保护方面的权利

工会有权参与制定关于劳动环境保护的国家方案，并参与制定规范性法律和其他法规。

工会通过自己的机构、劳动保护专员（受托人）和自己的监督检查机构对劳动环境保护状况进行监督。上述机构和人员有权不受阻碍地访问各种组织，无论其所有制和隶属关系如何，也不论其组织结构如何，还不论其工作地点如何。工会参与对工伤事故（工作）的调查，保护工会成员在工作条件和安全方面的权利和利益。妇女有权在工作场所以及其他劳动环境保护问题上获得赔偿。

在发现威胁工人生命和健康的违法行为的情况下，组织中的工会机构、劳动环境保护监察机构有权要求雇主立即采取行动。在这方面，联邦劳动监察局有权采取紧急措施，纠正这些违法行为。

如果不接受纠正违法行为的要求，特别是在工人的生命和健康受到直接威胁的情况下，工会机构、工会安全检查员在联邦劳动监察局作出最后决定之前，有权要求雇主、组织管理机构和官员暂停工作。雇主和官员应对不履行义务承担法律规定的责任。

工会有权参加对设计、建造和运营的生产设施的劳动条件安全性进行的检查。

21. 工会参与国家和市政财产私有化

工会有权在组织中设立的国家和市政财产私有化委员会中有代表。

工会代表是工会派往有关财产管理委员会参加该组织私有化委员会的代表之一，行使工会的监督职能。

22. 工会对工人的社会保护权利

工会保障工人在健康保护、社会保障、住房改善和其他社会保护方面的权利。

工会有权参与制定社会方案，以创造有利于体面生活和人的自由发展的条件，并参与制定社会政策。根据指数的变化，确定工人的基本生活标准、工资指数、养老金、奖学金、补助金和补偿金。在这方面，工会有权对有关法律的执行情况进行监督。

23. 工会在劳资争议机构保护雇员利益的权利

在违反劳动法的情况下，工会有权应工会成员和其他工人的要求，主动为其工作申请保护。

为了保护工会成员的社会劳动权利和其他公民的权利及职业利益，工会可以提供法律服务和咨询。

第三章　对工会权利的保障

24. 保障工会的财产权

为了达到法定目的和完成法定任务，工会、工会联合会（协会）和基层工会组织根据法定程序分配、拥有、使用和管理其拥有的财产，包括资金。

保证承认、不可侵犯和保护工会的财产权，并保证在与其他法人平等的基础上行使这些权利，而不论其本身的形式如何。

除了对企业资金的控制外，行政部门不得对工会资金进行财务控制。不得限制工会的独立财务活动。只有经过法院裁决，才能没收工会的财产。

工会不履行组织、公共当局和地方政府的义务，而这些机构也不履行工会的义务。

工会财产的来源、形成和资金的使用由其章程、基层工会组织章程规定。

工会可以拥有土地、建筑物、疗养院，旅游、体育、保健设施，文化和体育设施。

工会有权设立银行、互助基金、保险、文化和教育基金、教育和培训基金以及其他符合章程规定的基金。

工会有权根据联邦法律独立开展活动，也有权通过其组织开展创收活动，只要这些组织有此规定。

25. 保障工会机构中的雇员的基本工作

根据雇主的提议，组织结构单位（不低于车间及类似单位）的私有化造成初级工会组织、经选举产生的工会联合机构和工会机构的领导人（他们的代表）被解雇时，可以按照劳动法规定的程序进行。

只有在征得基层工会组织或工会机构的事先同意后，方可根据雇主的提议在本组织内设立的保护职业健康和安全联合委员会（委员会）中追究劳动保护专员和工会代表的纪律责任，或将他们调职或解雇。

未被排除在主要工作之外的工会成员、工会保护专员、工会在组织内成立的联合委员会（委员会）中的代表，根据劳动保护法的规定，为了雇员集体的利益和在短期工会培训期间履行工会义务的，可以被免除基本工作，免职条件和参加这些活动的时间的支付方式由集体协议和协议规定。

26. 对委托加入工会机构的离岗工会工人的保障

由于选举（授权）在工会机构中担任民选职务而在组织中被解除职务的工会工人，在其任期结束后可获得充分的补偿。在同一组织内，或在雇员同意的情况下，应当恢复因担任民选职务而被解职的工会工人的职务；如果没有以前的工作（职务），应当给与同一组织内的其他同等工作（职务）。

被委派到工会机构的离岗工会成员的工作时间，计入其一般和特殊工作年限。

离岗的工会成员经选举（委派）参加初级工会组织，享有与其他工人相同的社会劳动权利和福利。

27. 保障工会组织成员的工作权利

在其任期结束后的两年内，不得根据雇主的提议解雇属于工会机构成员的雇员，除非已清算了该机构。在清算情况下，应按照本联邦法第25条第3款规定的方式进行解雇。

28. 雇主为工会活动创造条件的义务

根据集体协议，雇主应向在组织内工作的工会提供其活动所需的设备、设施、交通工具和通信工具。

雇主应向工会免费提供其所拥有或租用的建筑物、设施和其他娱乐设施，并为雇员及其家属提供文化、体育和娱乐活动所需的体育和娱乐设施。除非集体协议另有规定，上述设施的维修、修理、供暖、照明、清洁、保安和设备应由雇主（单位）负责。

雇主应承担缴纳工会会费的责任。

第四章　保障条款

29. 工会权利的司法保护

工会的权利受到司法保护。工会权利受到侵犯的案件由法院根据检察官的申请或有关工会机构、主要工会组织的申请或投诉进行审理。

30. 侵犯工会权利应负的责任

政府官员、地方政府官员、雇主及其联合会管理人员违反工会法时将被起诉，并承担联邦法律规定的纪律、行政、刑事责任。

全俄工会、全俄工会联合会（协会）和初级工会组织的机构有权要求对违反工会法、不履行集体协议所规定义务的官员采取纪律措施，直至被解雇为止。

如果雇员违反工会法，雇主有义务根据上述工会机构的要求解除其与雇员的劳动合同。

第五章　工会的义务

31. 工会的义务

工会及其领导的成员，因未能履行其根据集体协议而进行法院认定为非法的罢工时，将受到起诉。

第六章　最终条款

32. 生效时限

本联邦法律自公布之日起生效。

33. 一致性条款

本联邦法律由总统签发。

1996 年 1 月 12 日颁布。

2008 年、2010 年、2014 年、2016 年以修正案形式补充修改。

索 引